상위 10% 영재아를 위한

한버공
영재
수학퀴즈
①

상위 10% 영재아를 위한 수학퀴즈

연산 문제 하나 더 빨리 푸는 것보다 골똘히 두뇌 회전 한 번 하는 건 어떤가요?

수학적 사고력의 깊이는 유연하고 다양한 뜻밖의 생각을 떠올리는 데에서 생기지 않을까요?

여러 가지 유형의 수학 퀴즈를 풀어보면서 수학놀이의 재미를 느껴 보시길 !!!!!

① 차 례

문제 1 · 다각형 알기………… 5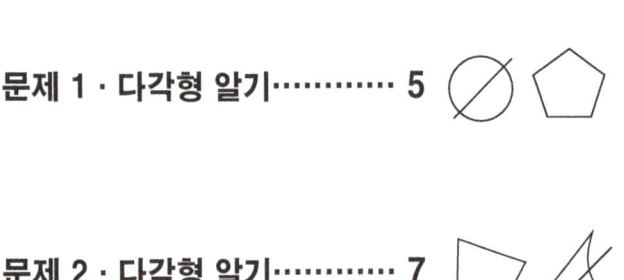

문제 2 · 다각형 알기………… 7

문제 3 · 입체도형 알기……… 9

문제 4 · 선대칭 알기………… 11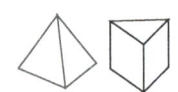

문제 5 · 선대칭 알기………… 13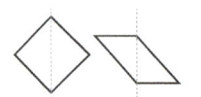

문제 6 · 입체도형 전개도 알기… 15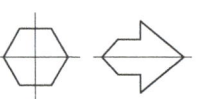

문제 7 · 이등변 삼각기둥 전개도 알기…17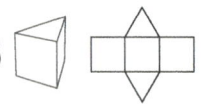

문제 8 · 정사면체 전개도 알기… 19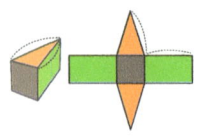

문제 9 · 정육면체 전개도알기 … 21

문제 10 · 주사위 눈 위치 알기……… 23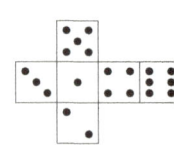

문제 11 · 주사위 숫자 위치 알기…… 25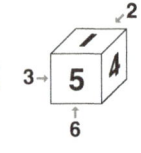

문제 12 · 주사위 굴리기……………27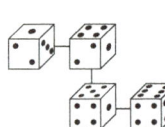

문제 13 · 두조각 같은 모양으로 나누기… 29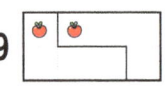

문제 14 · 두조각 같은 모양으로 나누기… 31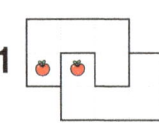

문제 15 · 세조각 같은 모양으로 나누기… 33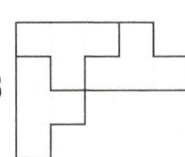

문제 16 · 네조각 같은 모양으로 나누기… 35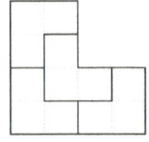

문제 17 · 네조각 같은 모양으로 나누기… 37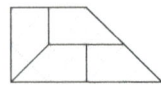

문제 18 · 정사각형 4개 연결하기……39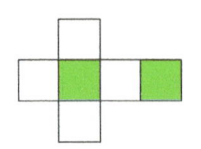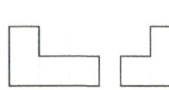

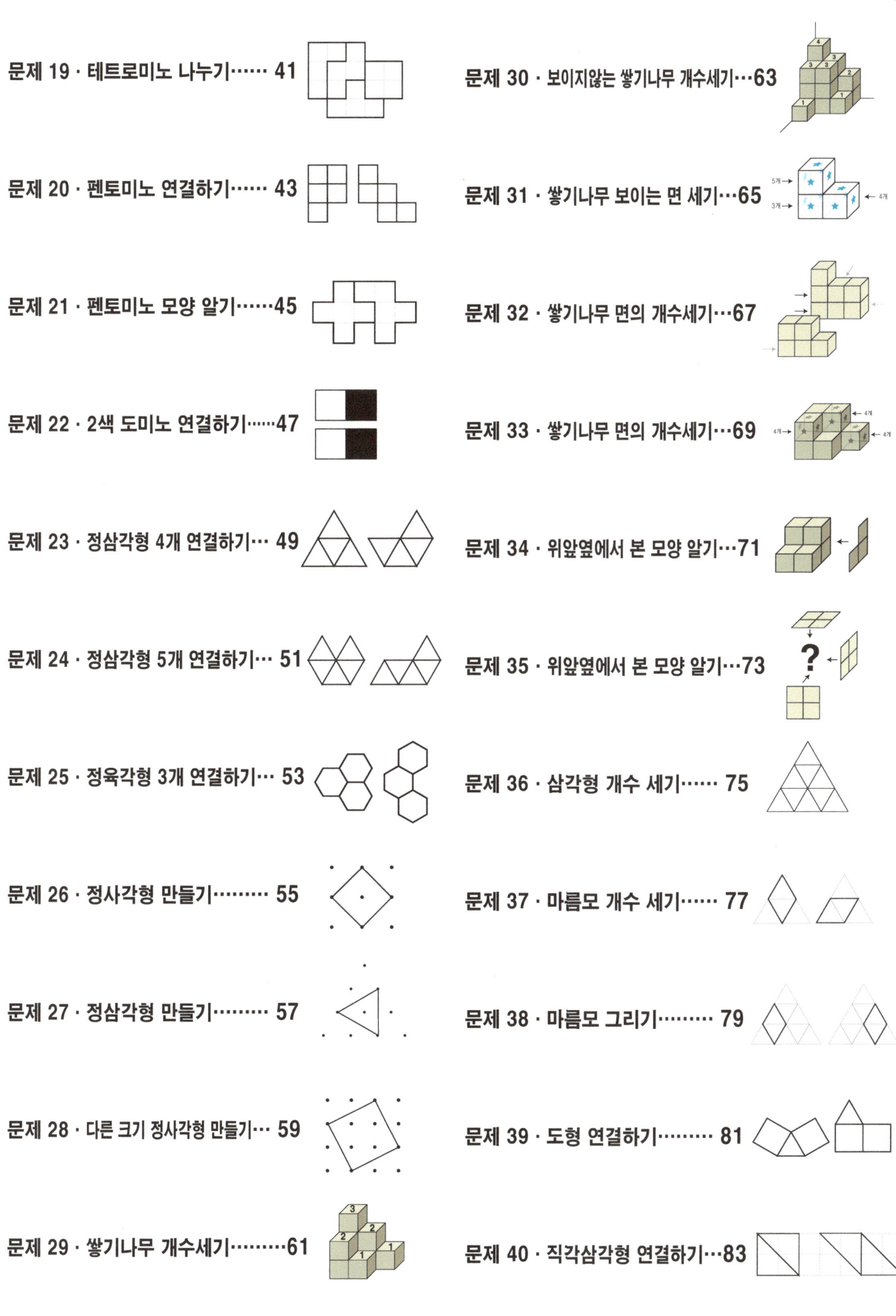

문제 19 · 테트로미노 나누기 …… 41

문제 20 · 펜토미노 연결하기 …… 43

문제 21 · 펜토미노 모양 알기 …… 45

문제 22 · 2색 도미노 연결하기 …… 47

문제 23 · 정삼각형 4개 연결하기 … 49

문제 24 · 정삼각형 5개 연결하기 … 51

문제 25 · 정육각형 3개 연결하기 … 53

문제 26 · 정사각형 만들기 ……… 55

문제 27 · 정삼각형 만들기 ……… 57

문제 28 · 다른 크기 정사각형 만들기 … 59

문제 29 · 쌓기나무 개수세기 ……… 61

문제 30 · 보이지않는 쌓기나무 개수세기 … 63

문제 31 · 쌓기나무 보이는 면 세기 … 65

문제 32 · 쌓기나무 면의 개수세기 … 67

문제 33 · 쌓기나무 면의 개수세기 … 69

문제 34 · 위앞옆에서 본 모양 알기 … 71

문제 35 · 위앞옆에서 본 모양 알기 … 73

문제 36 · 삼각형 개수 세기 …… 75

문제 37 · 마름모 개수 세기 …… 77

문제 38 · 마름모 그리기 ……… 79

문제 39 · 도형 연결하기 ……… 81

문제 40 · 직각삼각형 연결하기 … 83

상위 10% 영재아를 위한 수학퀴즈

문제 1 · 다각형 알기

다각형에 대한 문제입니다.
다음 중 나머지 셋과 다른 것에 ○ 표 하시오.

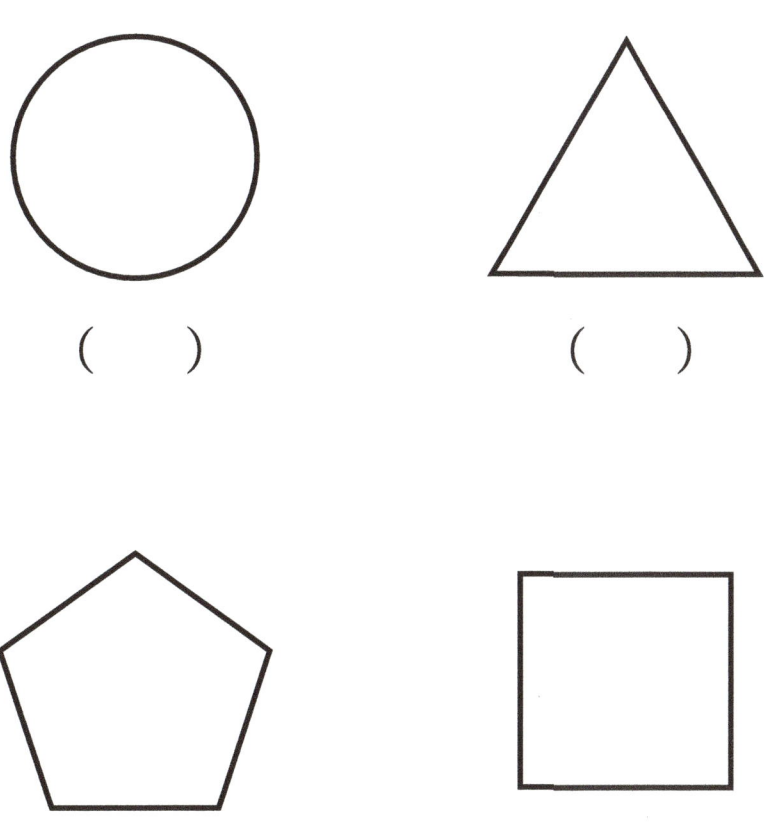

문제 1 (풀이)

다각형에 대한 문제입니다.
다음 중 나머지 셋과 다른 것에 ◯표 하시오.

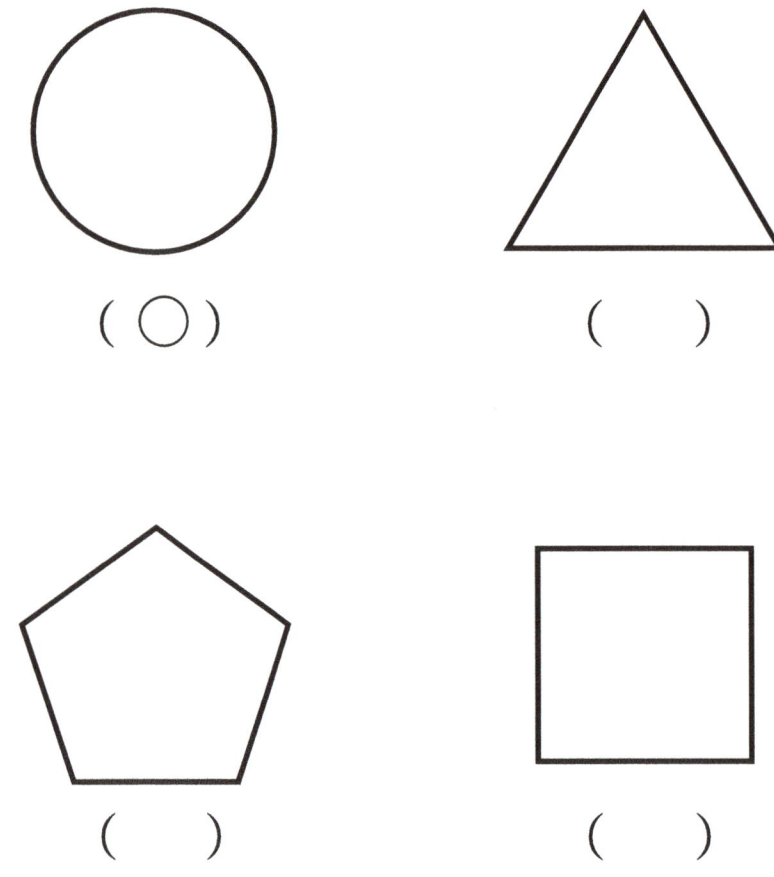

직선으로 이루어지지 않은 도형은 다각형이 아닙니다.

문제 2 · 다각형 알기

다각형에 대한 문제입니다.
다음 중 나머지 셋과 다른 것에 ○ 표 하시오.

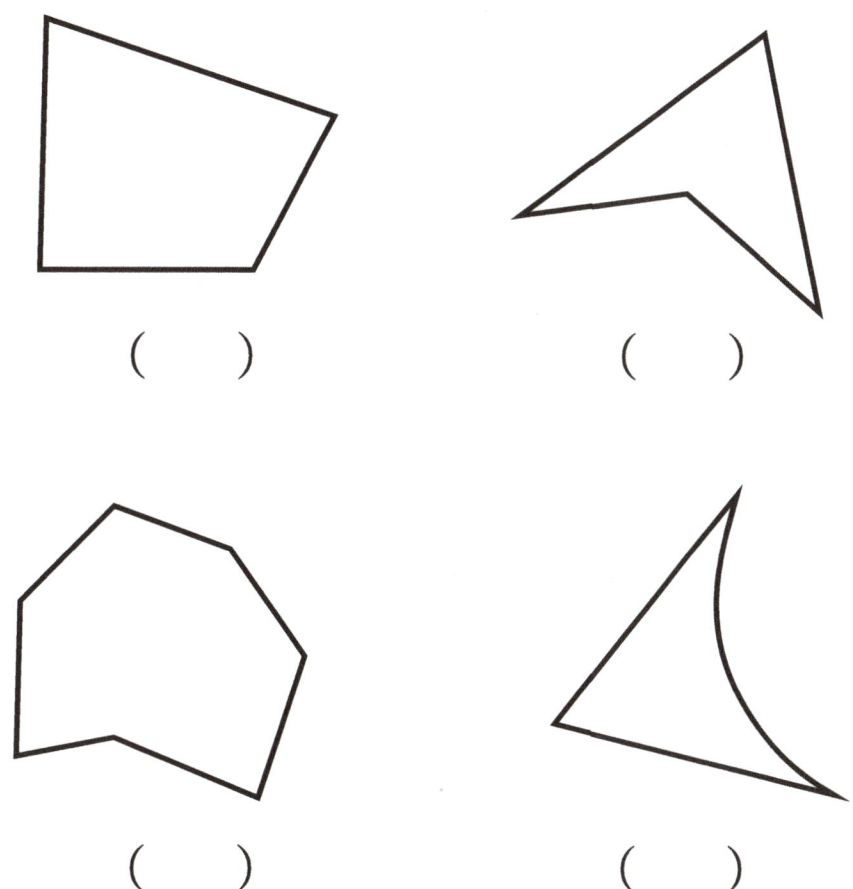

( )   ( )

( )   ( )

문제 2(풀이)

다각형에 대한 문제입니다.
다음 중 나머지 셋과 다른 것에 ◯ 표 하시오.

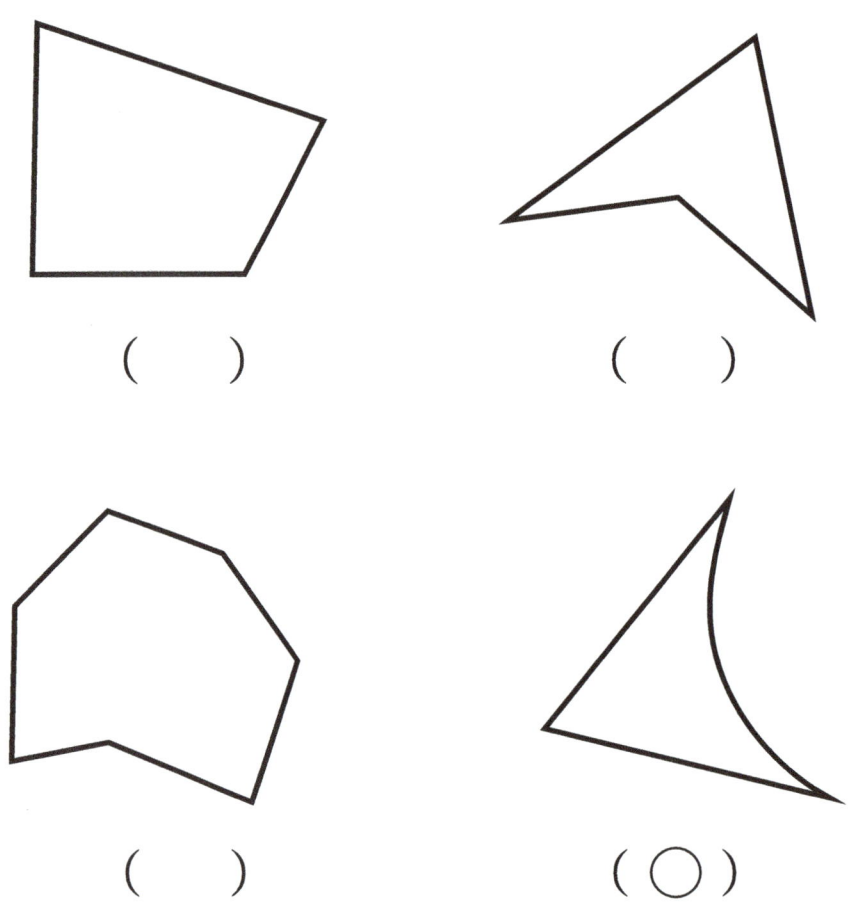

직선으로 이루어지지 않은 도형은 다각형이 아닙니다.

문제 3 · 입체도형 알기

입체도형에 대한 문제입니다.
아래 도형 중 나머지 셋과 다른 것에 ◯표 하시오.

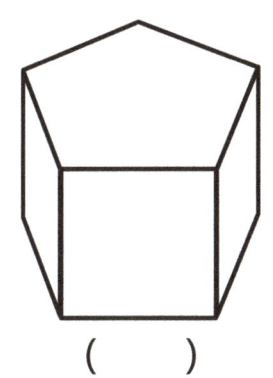
( )

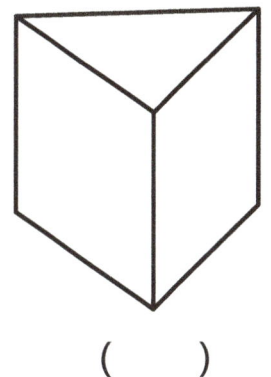
( )

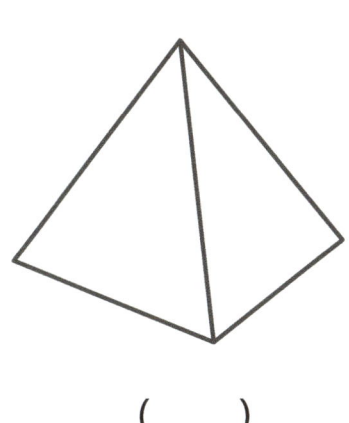
( )

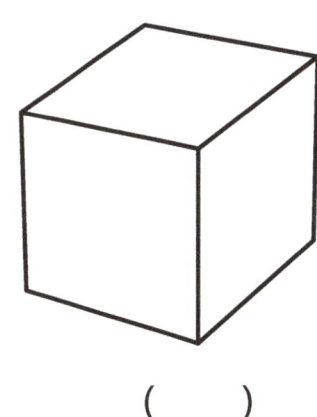
( )

문제 3(풀이)

입체도형에 대한 문제입니다.
아래 도형 중 나머지 셋과 다른 것에 ○ 표 하시오.

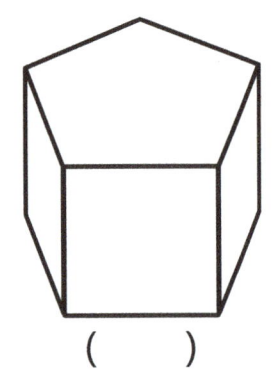
( )

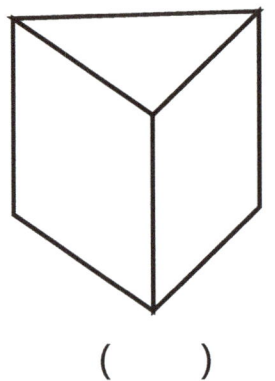
( )

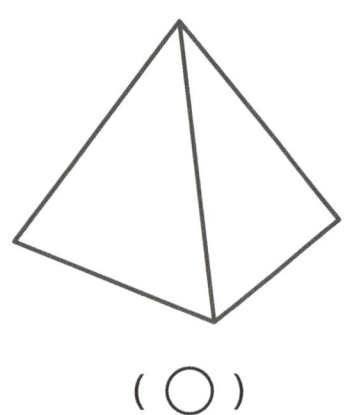
(○)

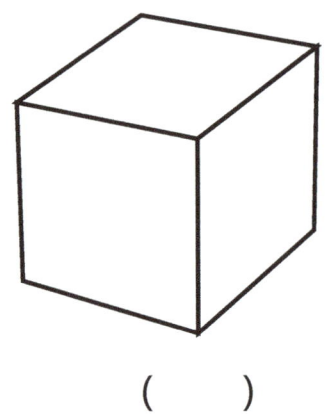
( )

세 개는 각기둥이고 하나는 뿔기둥입니다.

문제 4 · 선대칭 알기

선대칭에 대한 문제입니다.
다음 중 나머지 셋과 다른 것에 ◯ 표 하시오.

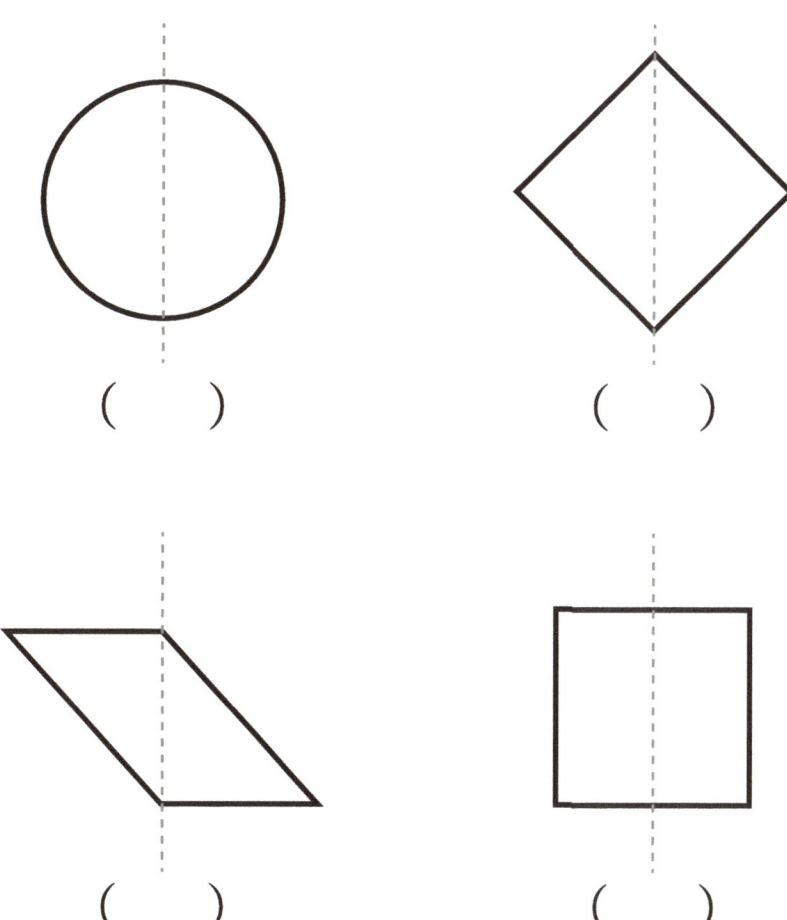

문제 4(풀이)

선대칭에 대한 문제입니다.
다음 중 나머지 셋과 다른 것에 ◯ 표 하시오.

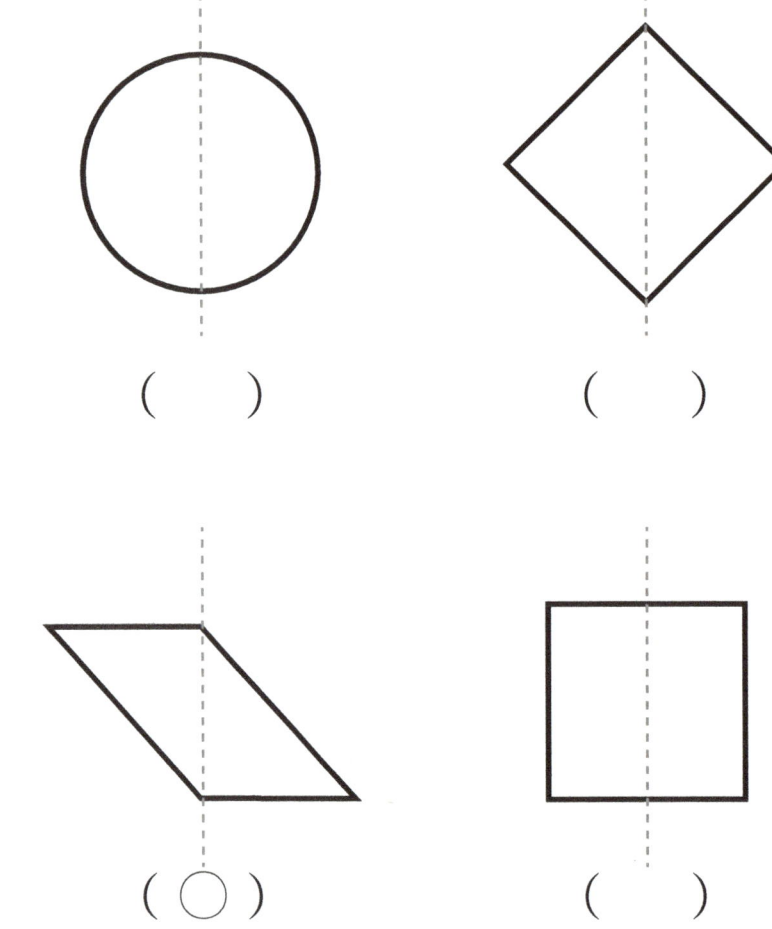

중심선을 기준으로 대칭이 되는 도형과 그렇지 않은 도형을 구별하는 학습입니다.

문제 5 · 선대칭 알기

아래 도형들의 대칭선을 그리시오.

> 직사각형의 대칭선은 아래처럼 두 개입니다.
>
>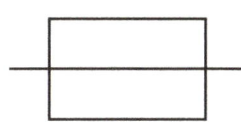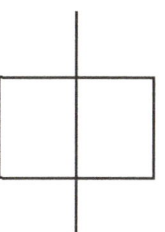

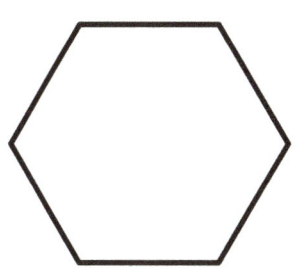 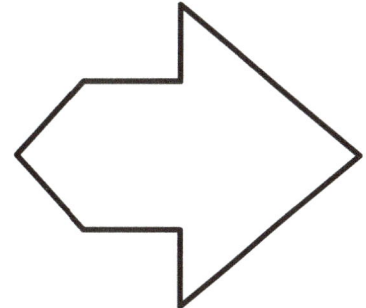

문제 5(풀이)

아래 도형들의 대칭선을 그리시오.

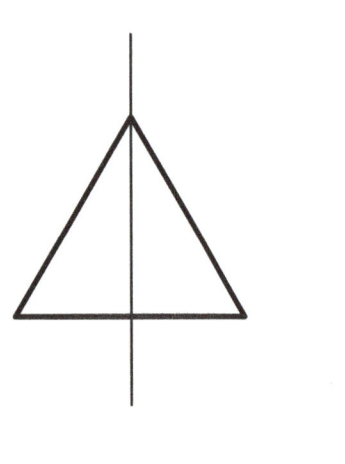
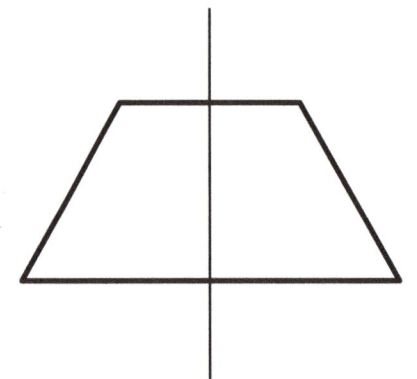

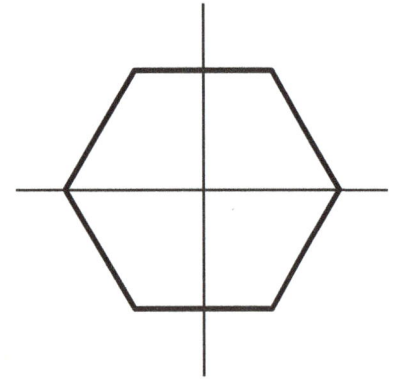
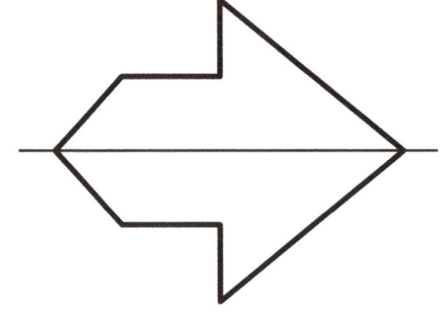

문제 6 · 입체도형 전개도 알기

전개도에 대한 문제입니다.
서로 관계 있는 것끼리 연결하시오.

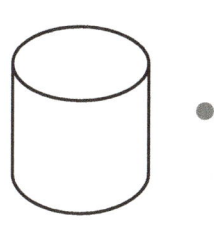   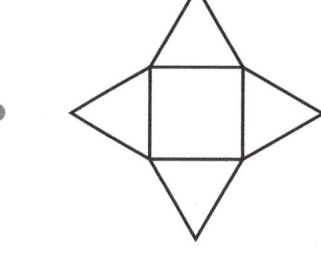

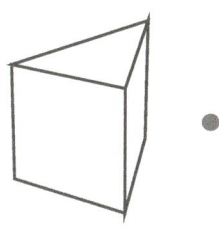   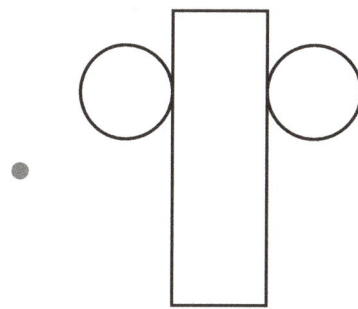

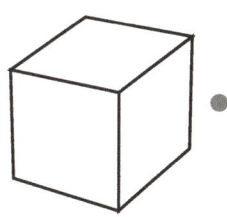   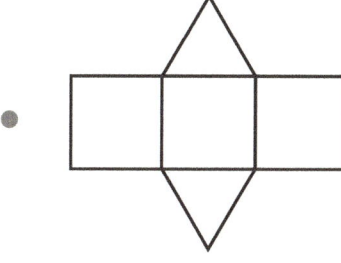

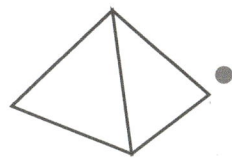   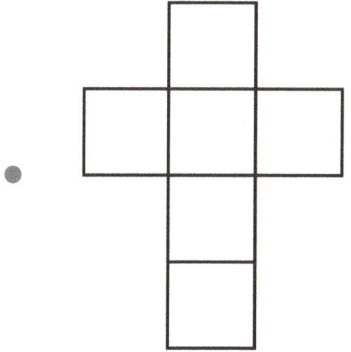

문제 6(풀이)

전개도에 대한 문제입니다.
서로 관계 있는 것끼리 연결하시오.

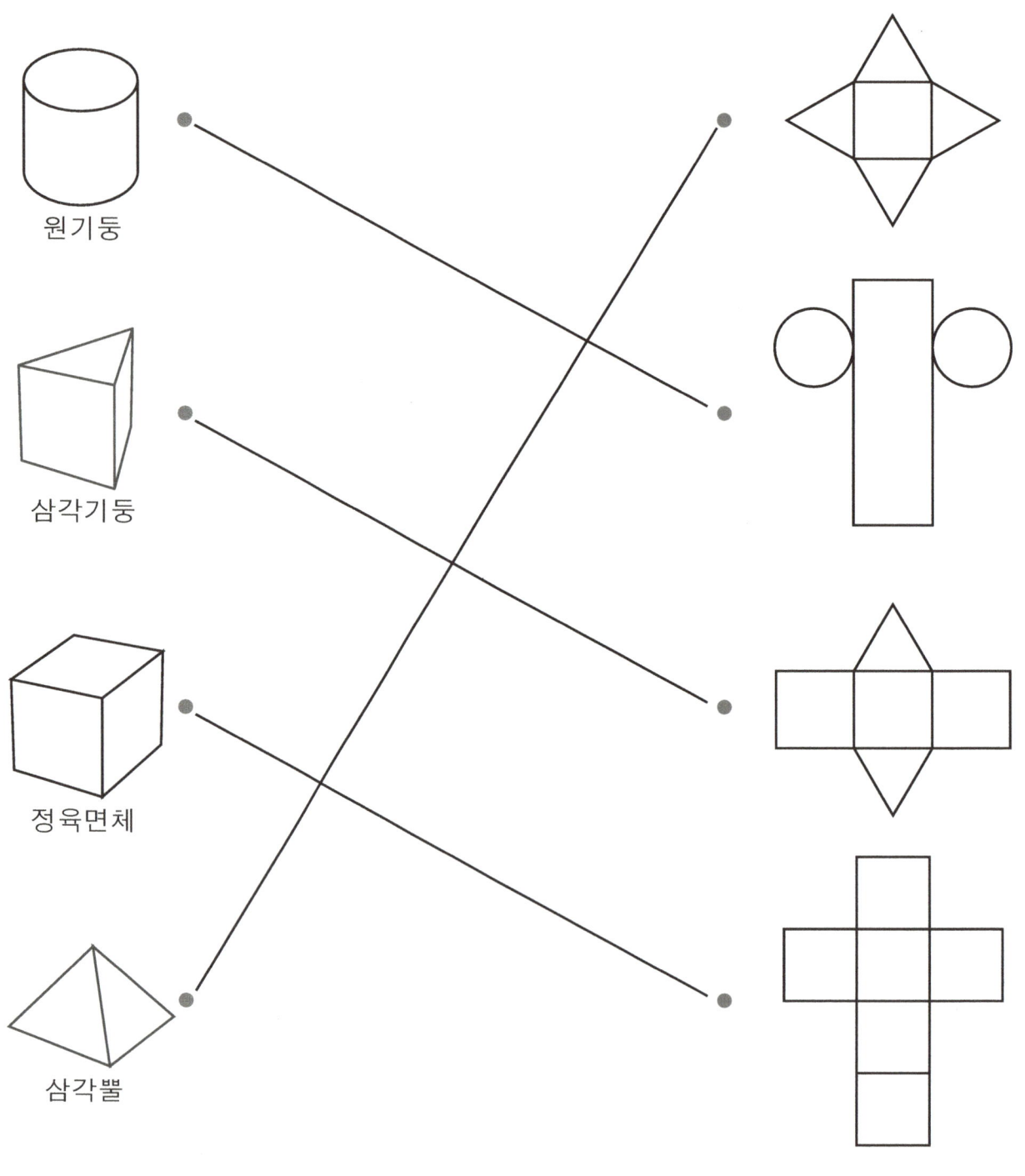

문제 7 · 이등변 삼각기둥 전개도 알기

전개에 대한 문제입니다.
이등변 삼각기둥을 펼쳤을 때의 모양에 ◯ 표 하시오.

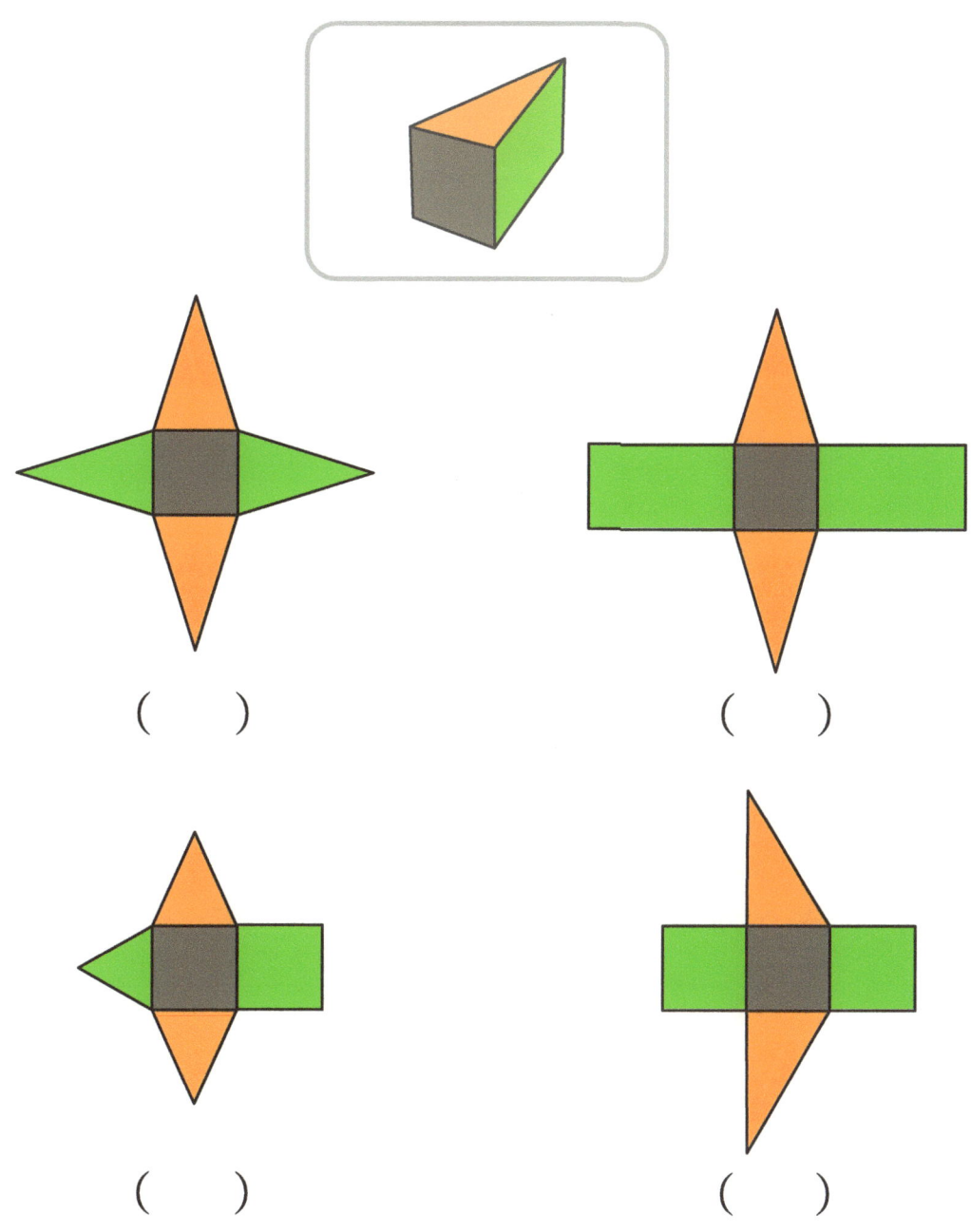

문제 7(풀이)

전개도에 대한 문제입니다.
이등변 삼각기둥을 펼쳤을 때의 모양에 ◯ 표 하시오.

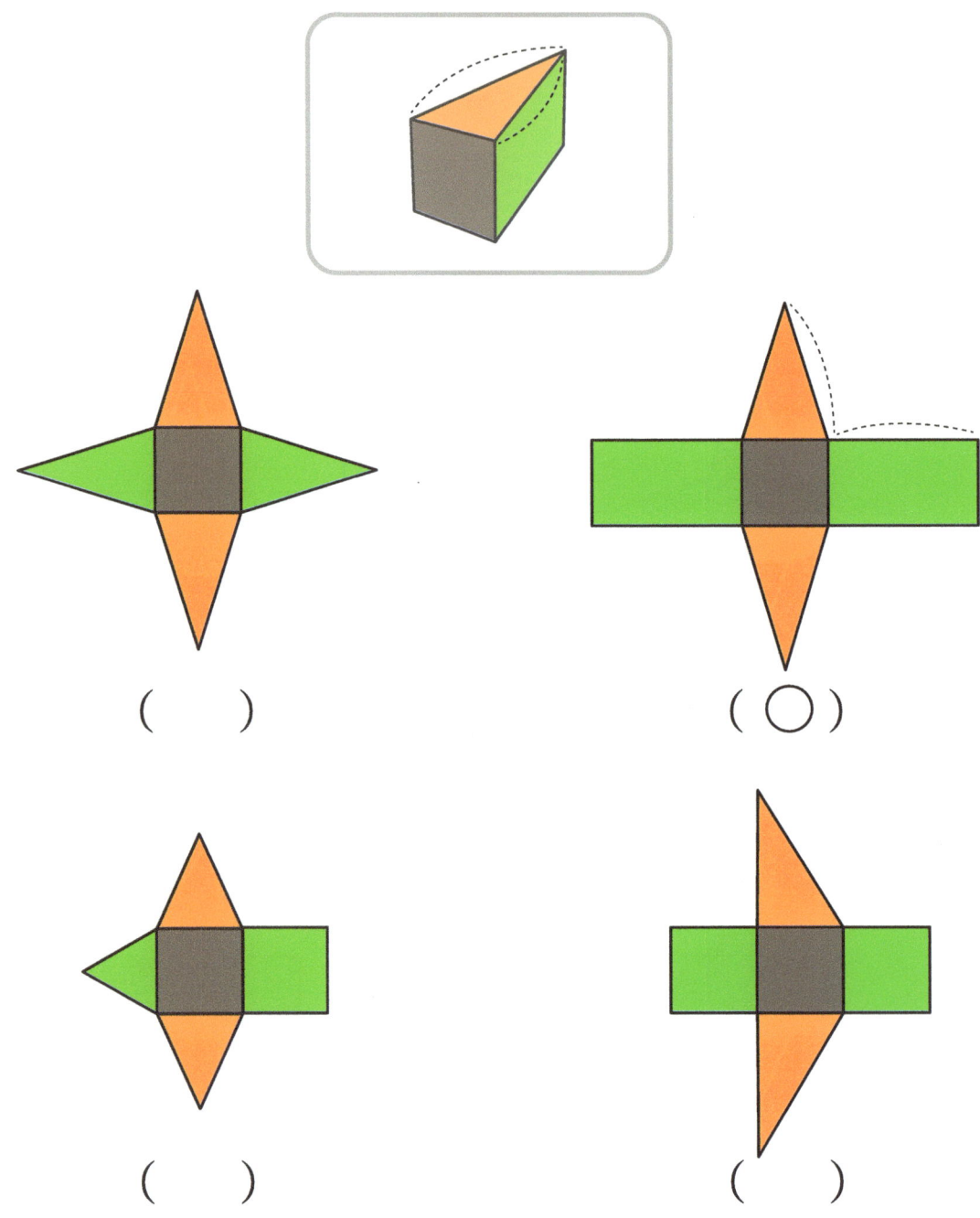

( )　　　(◯)

( )　　　( )

이등변 삼각형은 두 변의 길이가 같은 삼각형입니다.
기둥이 되려면 삼각형변과 같은 길이의 사각형이 필요합니다.

문제 8 · 정사면체 전개도 알기

아래 전개도를 안쪽으로 접었을 때 만들어진 모양이 맞는 것에 ◯ 표 하시오.
단, 바닥에 닿은 면은 파란색이고 앞뒷면의 색이 같습니다.

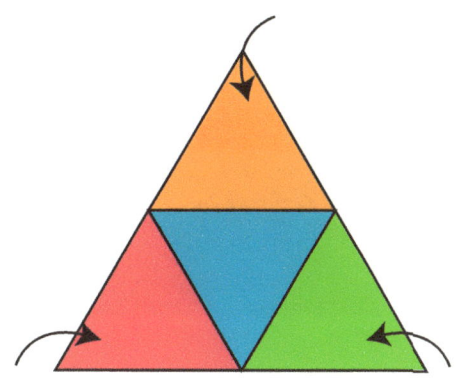

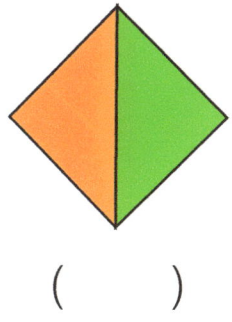   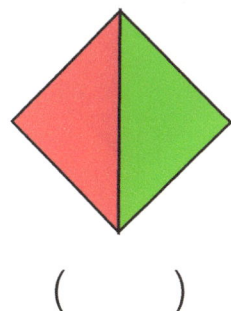   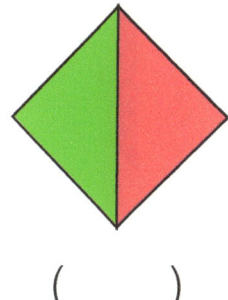

( )   ( )   ( )

문제 8(풀이)

아래 전개도를 안쪽으로 접었을 때 만들어진 모양이 맞는 것에 ○ 표 하시오.
단, 바닥에 닿은 면은 파란색이고 앞뒷면의 색이 같습니다.

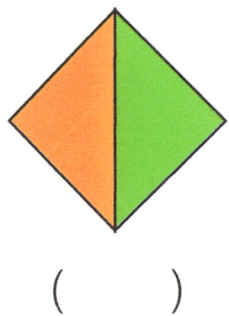   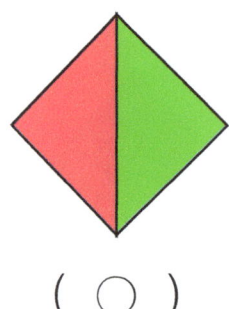   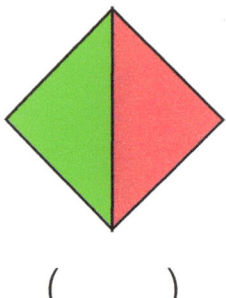

( )   (○)   ( )

문제 9 · 정육면체 전개도알기

아래 정육면체의 위 아래 색을 보고 맞는 전개도에 ○ 표 하시오.

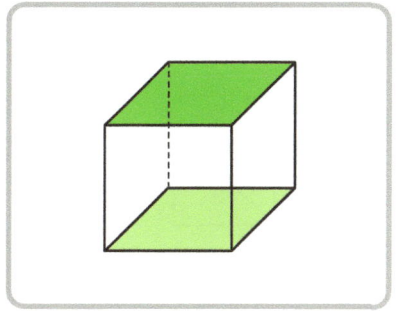

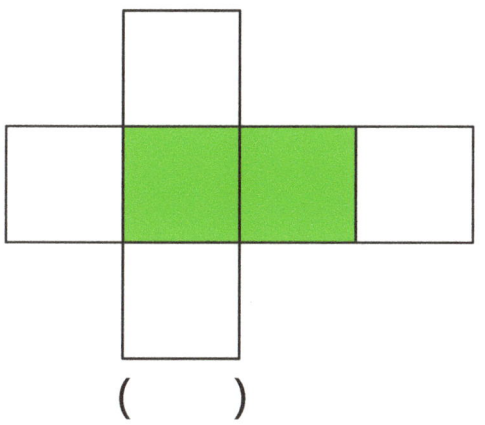
(　　)

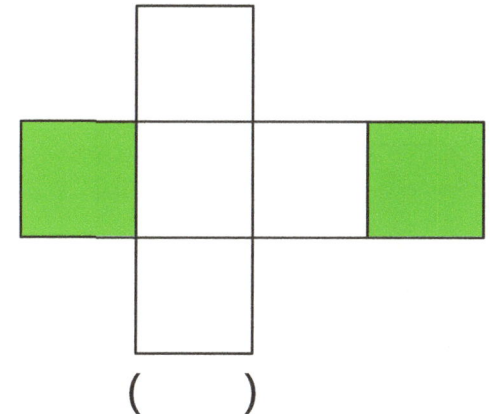
(　　)

(　　)

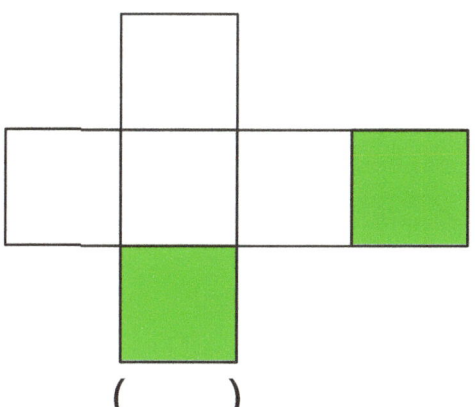
(　　)

문제 9(풀이)

아래 정육면체의 위 아래 색을 보고 맞는 전개도에 ○ 표 하시오.

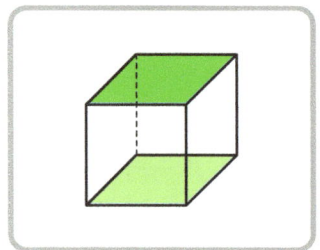

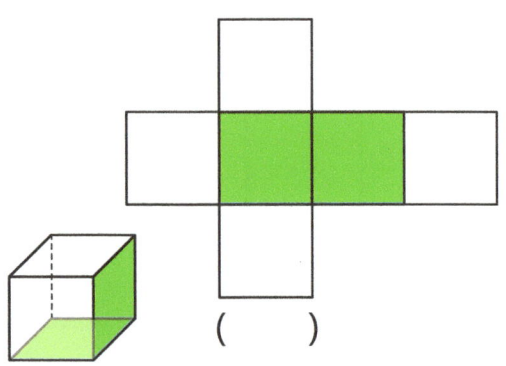
( )

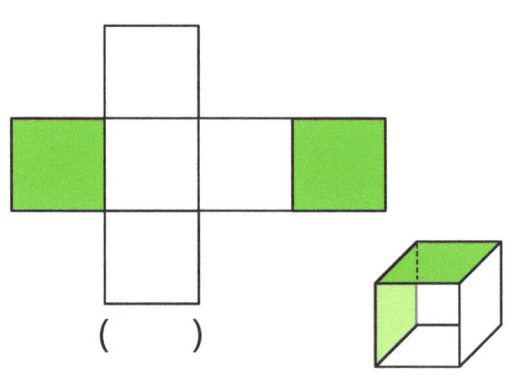
( )

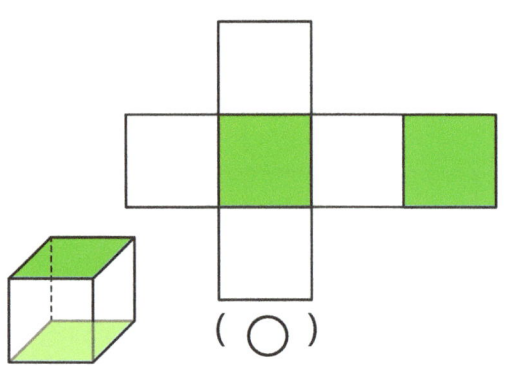
(○)

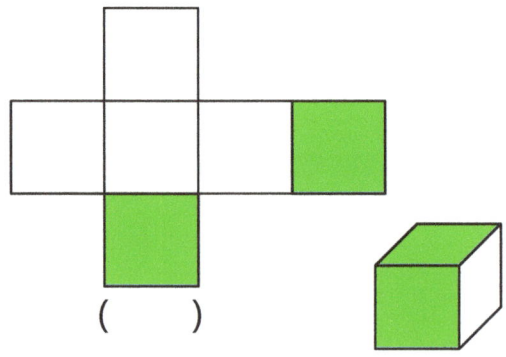
( )

문제 10 · 주사위 눈 위치 알기

주사위는 마주 보는 눈의 합이 7입니다.
주사위 전개도를 접었을 때 잘못 만들어진 것에 ○ 표 하시오.

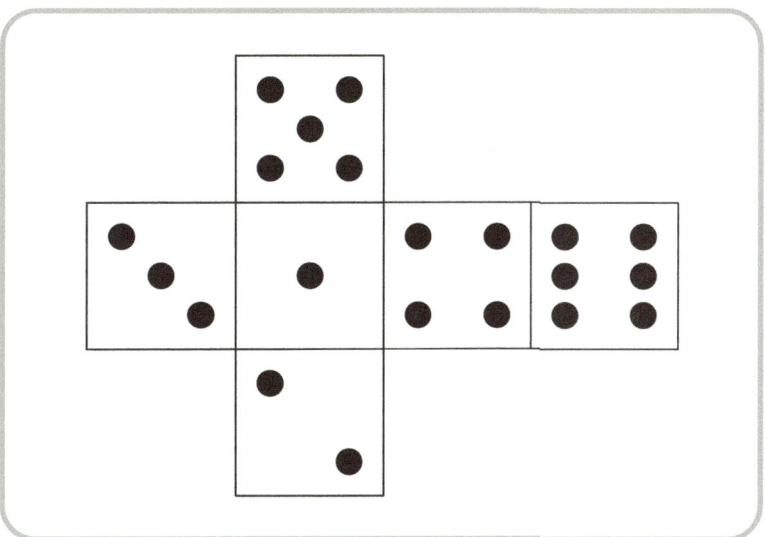

(　　)

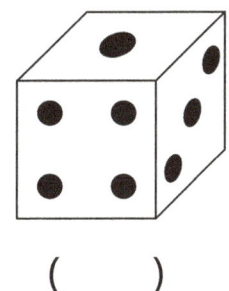
(　　)

(　　)

주사위는 마주 보는 눈의 합이 7입니다.
주사위 전개도를 접었을 때 잘못 만들어진 것에 ◯ 표 하시오.

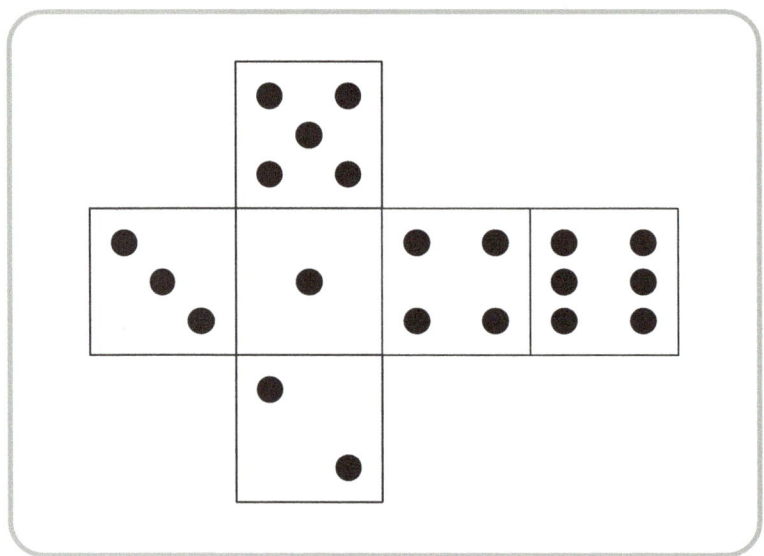

( )   (◯)   ( )

주사위의 눈 4와 3은 서로 마주 보아야 합니다.

문제 11 · 주사위 숫자 위치 알기

주사위는 마주 보는 눈의 합이 7입니다.
아래 주사위를 돌렸을 때 숫자 위치가 잘못된 것에 ◯ 표 하시오.

( )   ( )   ( )

문제 11(풀이)

주사위는 마주 보는 눈의 합이 7입니다.
아래 주사위를 돌렸을 때 숫자 위치가 잘못된 것에 ○ 표 하시오.

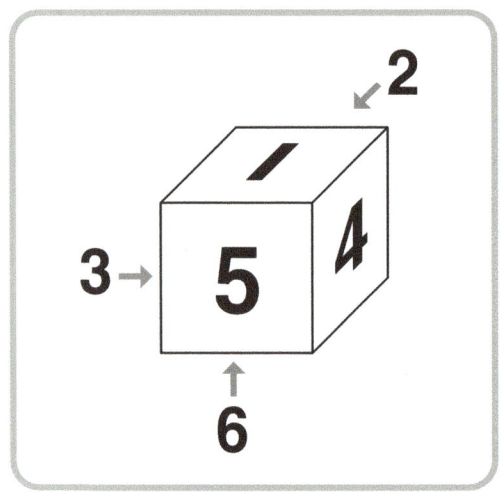

( )　　　　　(○)　　　　　( )

2와 5는 마주봐야 합니다.

문제 12 · 주사위 굴리기

주사위의 마주보는 눈의 합은 7입니다.
아래처럼 주사위를 화살표 방향으로 굴렸을 때 주사위 윗면에 올 모양에 ◯ 표 하시오.

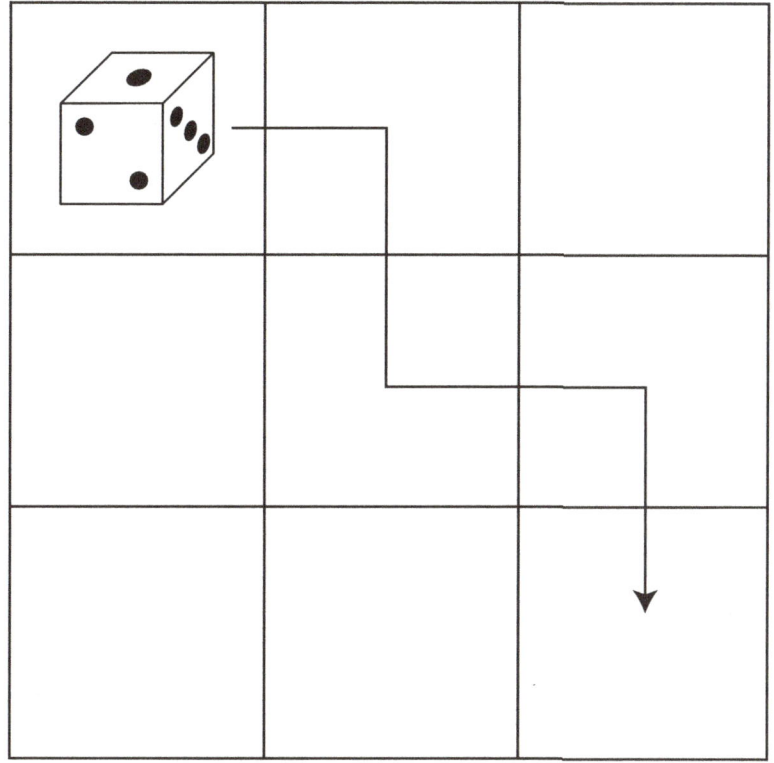

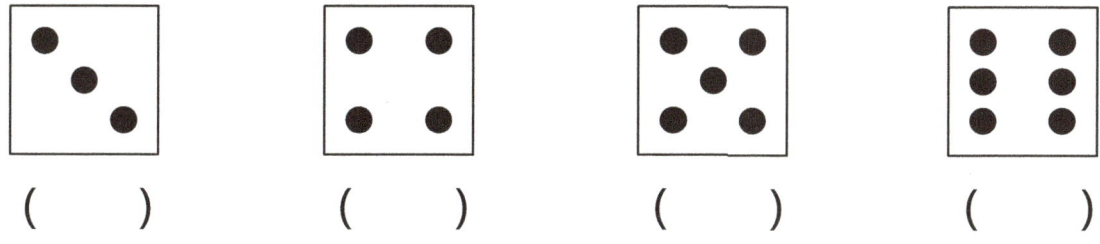

(　)　　　(　)　　　(　)　　　(　)

문제 12(풀이)

주사위의 마주보는 눈의 합은 7입니다.
아래처럼 주사위를 화살표 방향으로 굴렸을 때 주사위 윗면에 올 모양에 ○ 표 하시오.

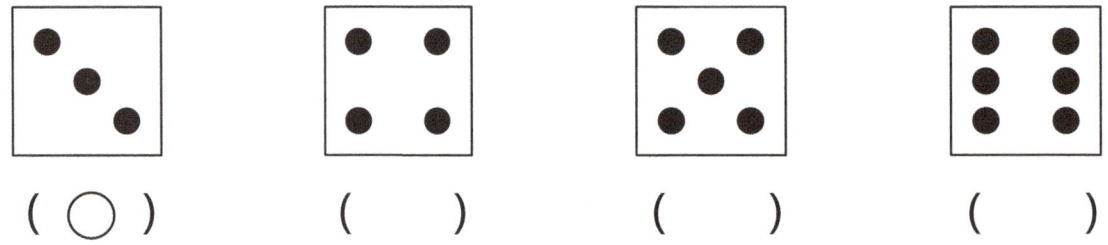

(○)   (   )   (   )   (   )

문제 13 · 두조각 같은 모양으로 나누기

아래 사각형을 사과가 한 개씩 포함되도록 같은 모양으로 나누시오.
돌리거나 뒤집은 모양은 서로 같은 모양입니다.

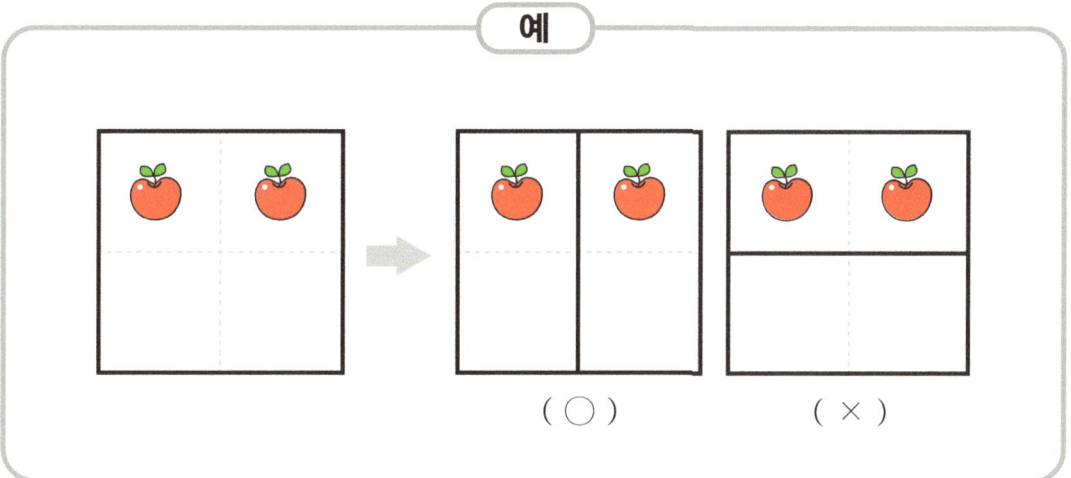

문제 13(풀이)

아래 사각형을 사과가 한 개씩 포함되도록 같은 모양으로 나누시오.
돌리거나 뒤집은 모양은 서로 같은 모양입니다.

문제 14 · 두조각 같은 모양으로 나누기

아래 모양을 사과가 한 개씩 포함되도록 같은 모양으로 나누시오.
돌리거나 뒤집은 모양은 서로 같은 모양입니다.

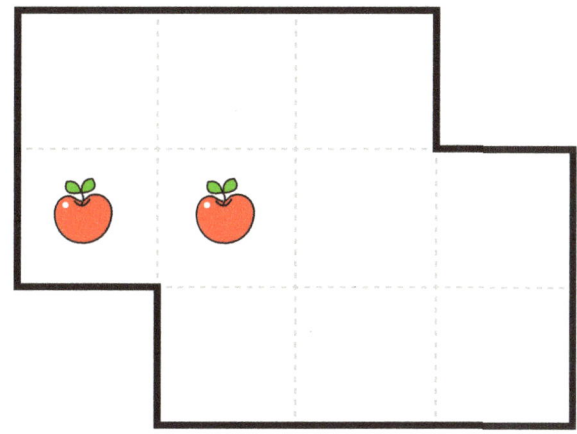

문제 14(풀이)

아래 모양을 사과가 한 개씩 포함되도록 같은 모양으로 나누시오.
돌리거나 뒤집어서 나온 모양은 서로 같은 모양입니다.

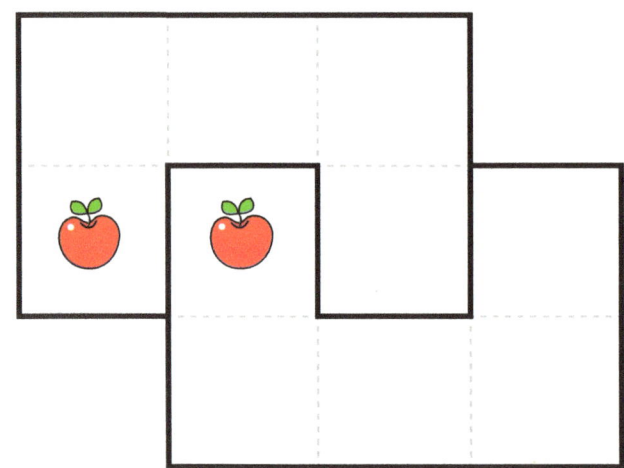

문제 15 · 세조각 같은 모양으로 나누기

아래 모양을 같은 모양 세 개로 나누시오.
돌리거나 뒤집어서 나온 모양은 서로 같은 모양입니다.

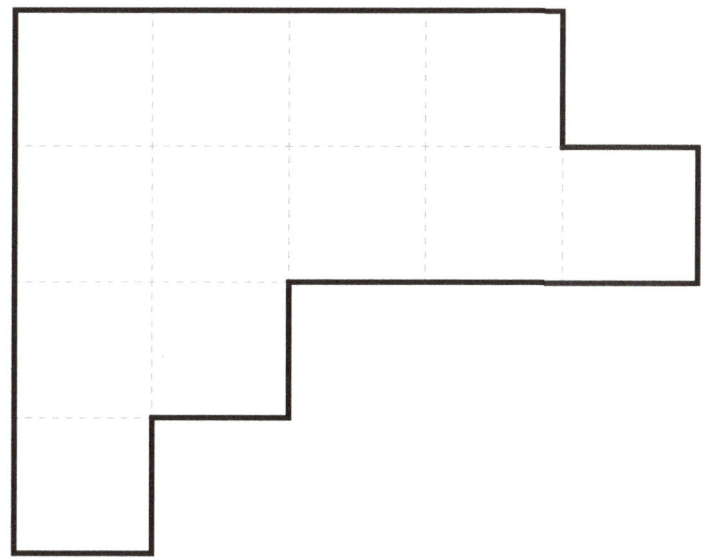

문제 15(풀이)

아래 모양을 같은 모양 세 개로 나누시오.
돌리거나 뒤집어서 나온 모양은 서로 같은 모양입니다.

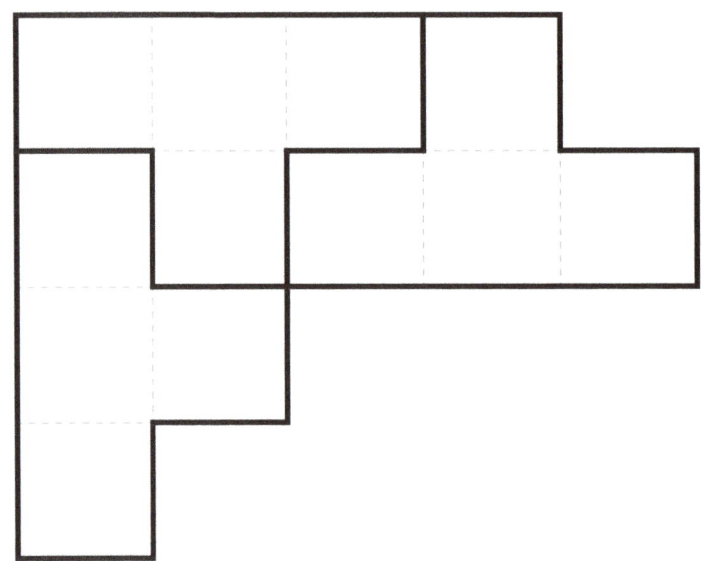

모두 12개의 정사각형이 있으므로 각각 4개로 이루어진 모양을 만들면 됩니다.

문제 16 · 네조각 같은 모양으로 나누기

같은 모양 4개로 커다란 같은 모양을 만들었습니다. 같은 모양 4개로 나누어 보시오.
돌리거나 뒤집은 모양은 서로 같은 모양입니다.

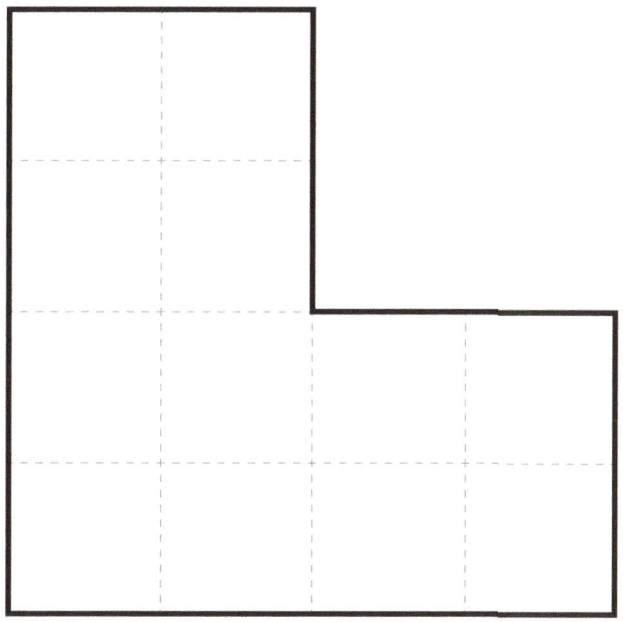

문제 16(풀이)

같은 모양 4개로 커다란 같은 모양을 만들었습니다. 같은 모양 4개로 나누어 보시오.
돌리거나 뒤집은 모양은 서로 같은 모양입니다.

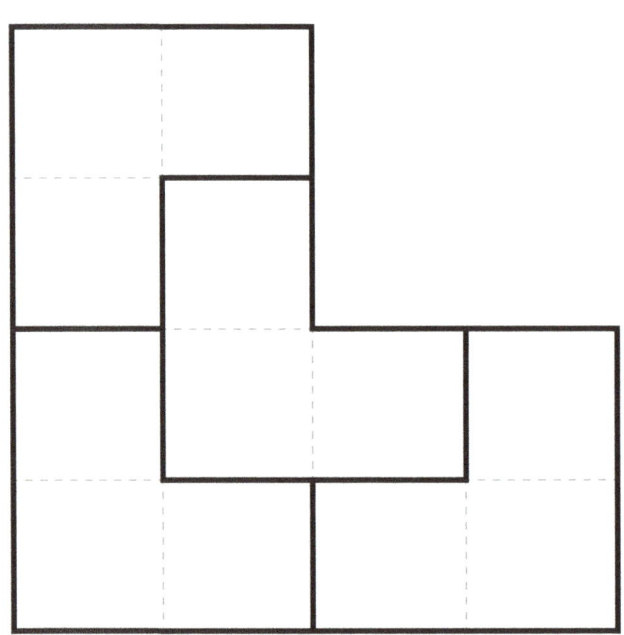

위의 모양은 정사각형이 모두 12개입니다. 같은 모양 4개가 되려면
정사각형을 각각 3개씩 포함해야 합니다.

문제 17 · 네조각 같은 모양으로 나누기

같은 모양 4개로 커다란 같은 모양을 만들었습니다. 같은 모양 4개로 나누어 보시오.
돌리거나 뒤집은 모양은 서로 같은 모양입니다.

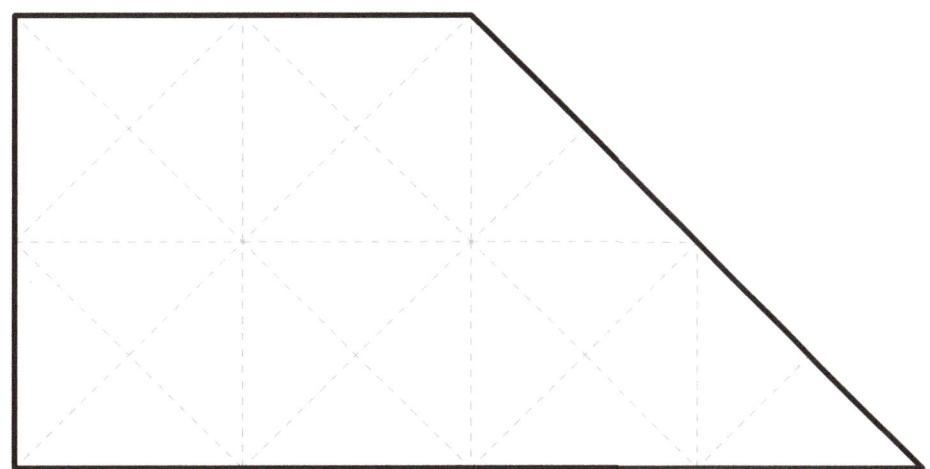

문제 17(풀이)

같은 모양 4개로 커다란 같은 모양을 만들었습니다. 같은 모양 4개로 나누어 보시오.
돌리거나 뒤집은 모양은 서로 같은 모양입니다.

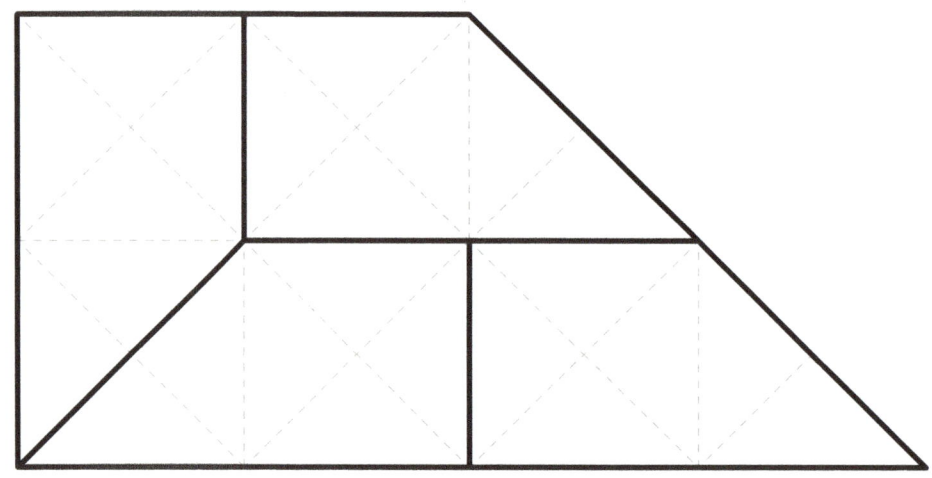

삼각형이 있는 모양을 먼저 나누게 되면 좀 더 쉽게 나눌 수 있습니다.

문제 18 · 정사각형 4개 연결하기

아래 점선을 이용하여 정사각형 4개를 연결한 서로 다른 모양 5개를 그리시오.

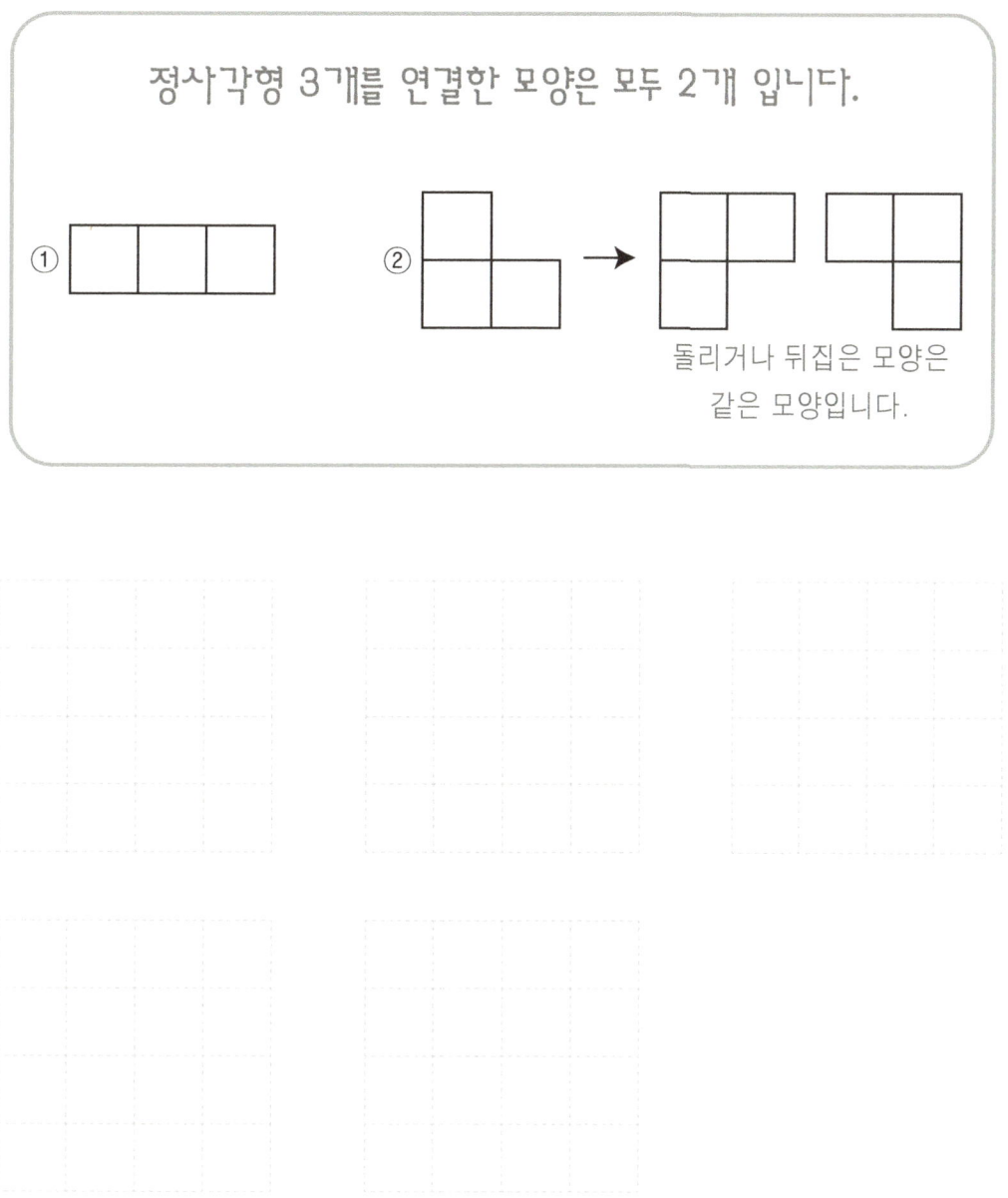

정사각형 3개를 연결한 모양은 모두 2개 입니다.

돌리거나 뒤집은 모양은 같은 모양입니다.

문제 18(풀이)

아래 점선을 이용하여 정사각형 4개를 연결한 서로 다른 모양 5개를 그리시오.

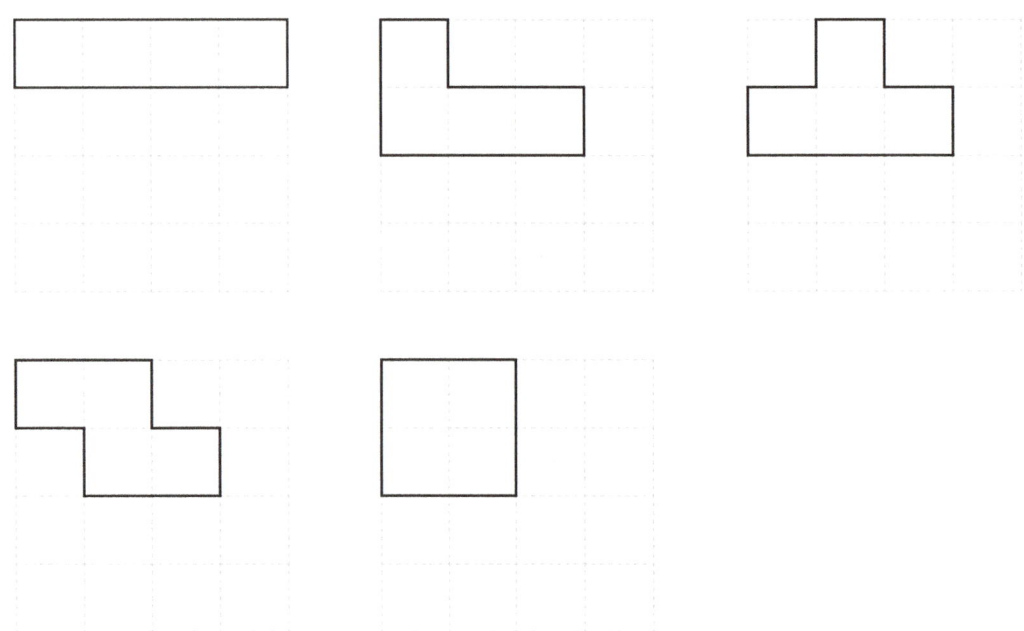

정사각형 4개로 이루어진 도형은 모두 5개입니다.
이것을 **테트로미노**라고 합니다.

문제 19 · 테트로미노 나누기

주어진 테트로미노 4개로 아래 도형을 나누시오.

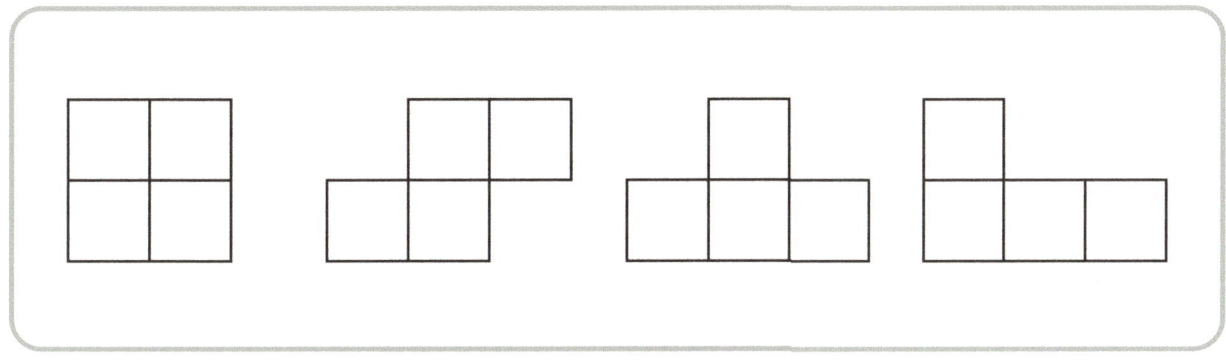

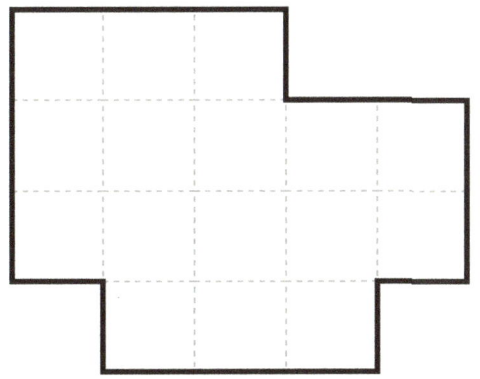

문제 19(풀이)

주어진 테트로미노 4개로 아래 도형을 나누시오.

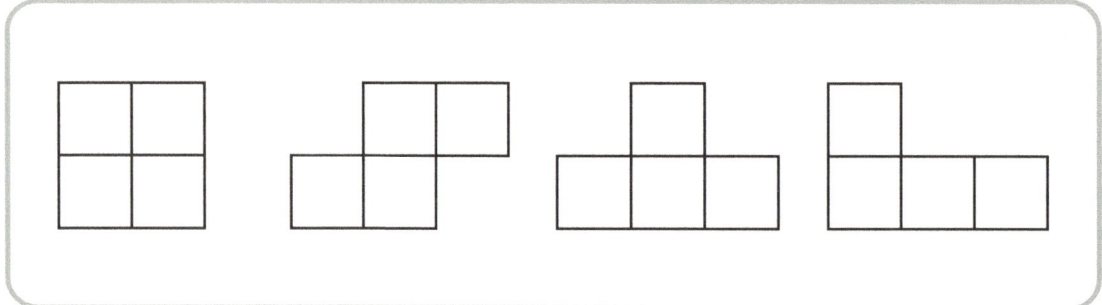

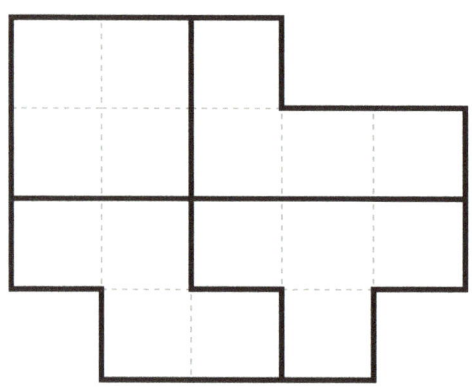

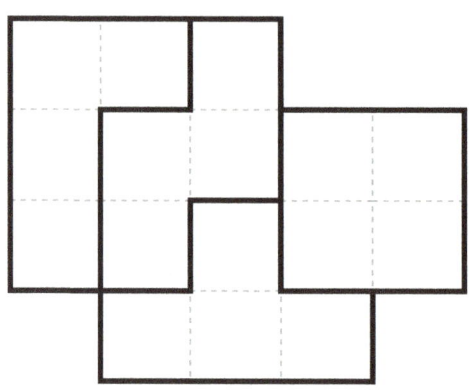

위의 모양 외에도 다른 모양이 있을 수 있습니다.

문제 20 · 펜토미노 연결하기

펜토미노 12조각 중 2조각을 골라 아래 모양을 채우시오.

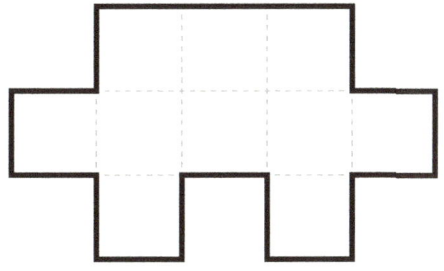

펜토미노 12조각 중 2조각을 골라 아래 모양을 채우시오.

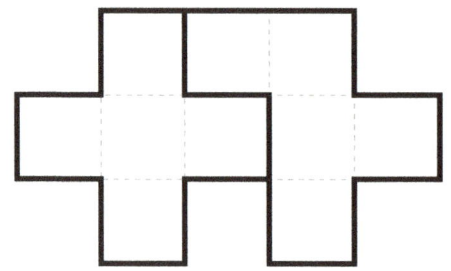

문제 21 · 펜토미노 모양 알기

3개의 펜토미노 조각으로 만들 수 없는 것에 ◯ 표 하시오.

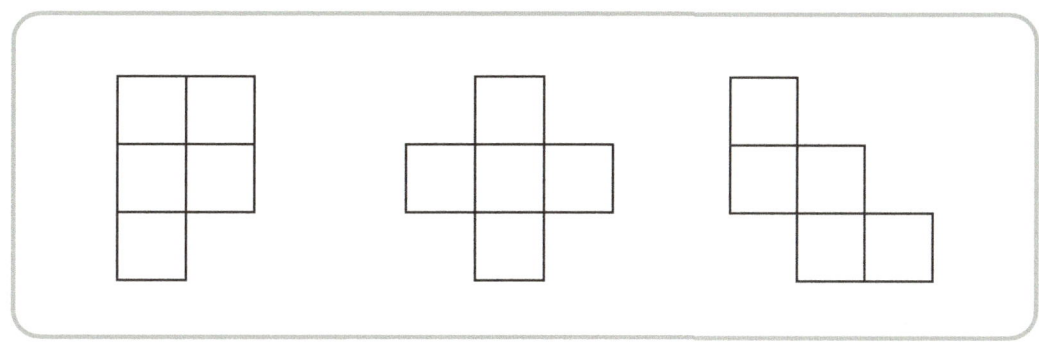

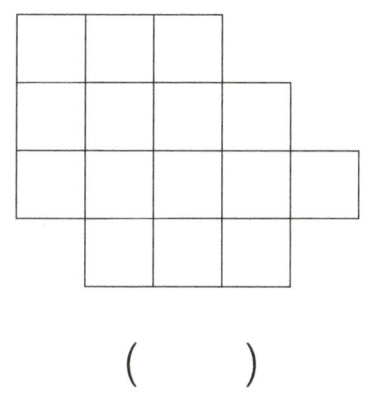

( )

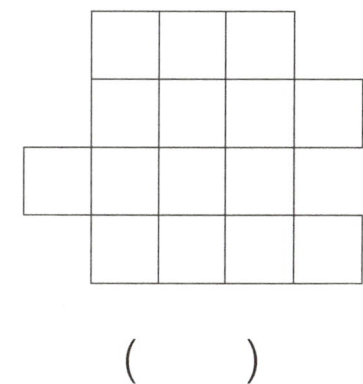

( )

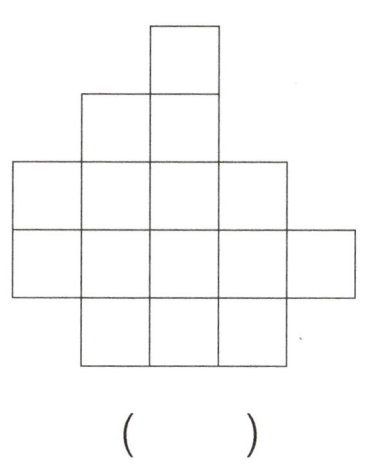

( )

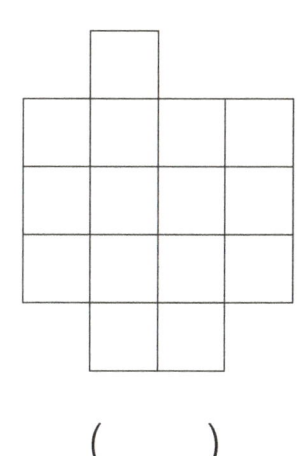

( )

문제 21(풀이)

3개의 펜토미노 조각으로 만들 수 없는 것에 ◯ 표 하시오.

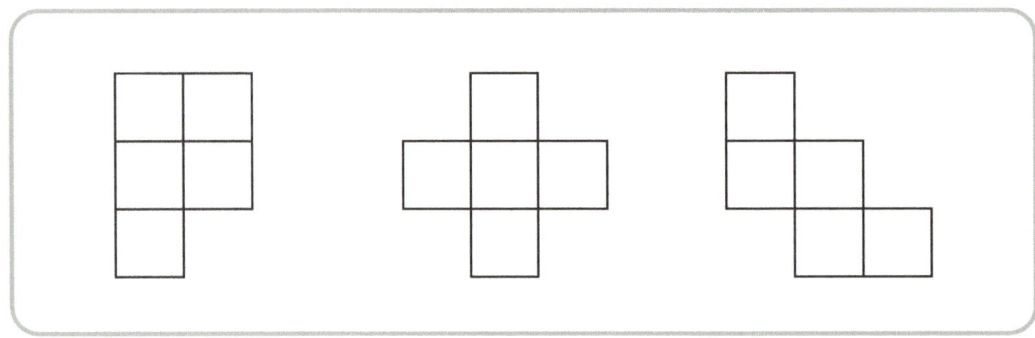

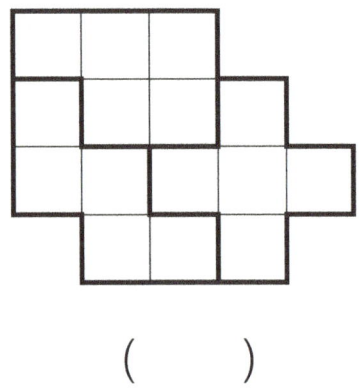

( )

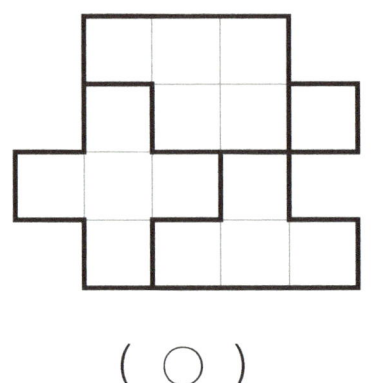

(◯)

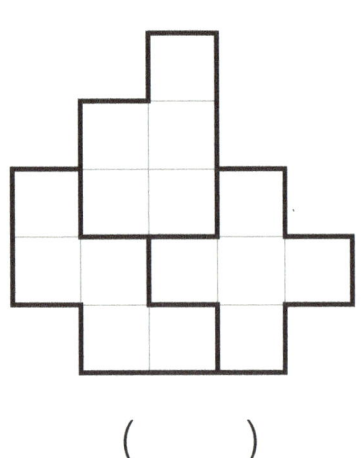

( )

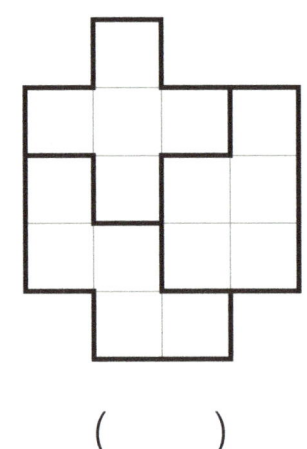

( )

문제 22 · 2색 도미노 연결하기

흰색 검은색이 칠해진 도미노 3개를 사용하여 만들 수 없는 모양에 ○ 표 하시오.

( )

( )

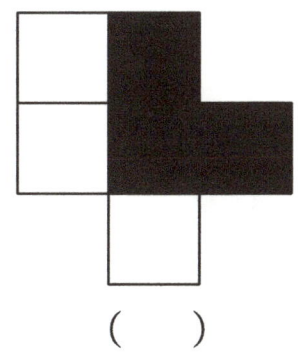
( )

( )

문제 22(풀이)

흰색 검은색이 칠해진 도미노 3개를 사용하여 만들 수 없는 모양에 ○ 표 하시오.

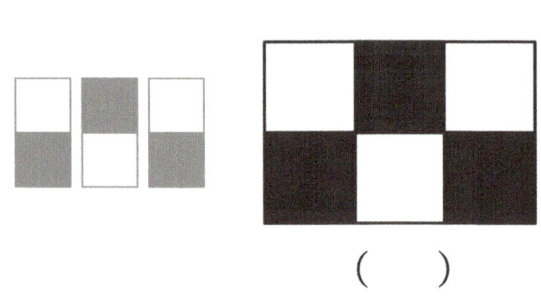
( )

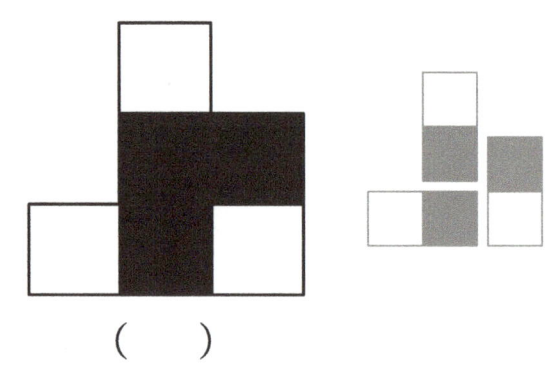
( )

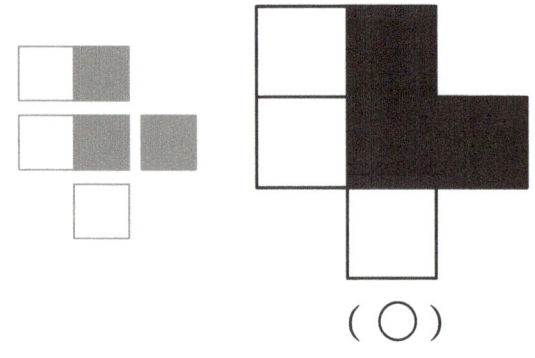
(○)

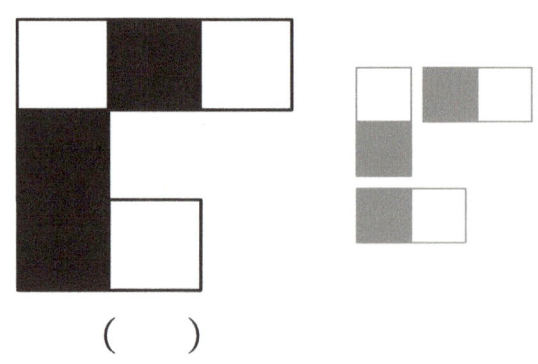
( )

문제 23 · 정삼각형 4개 연결하기

아래 점선을 이용하여 정삼각형 4개를 연결한 서로 다른 모양 3개를 그리시오.

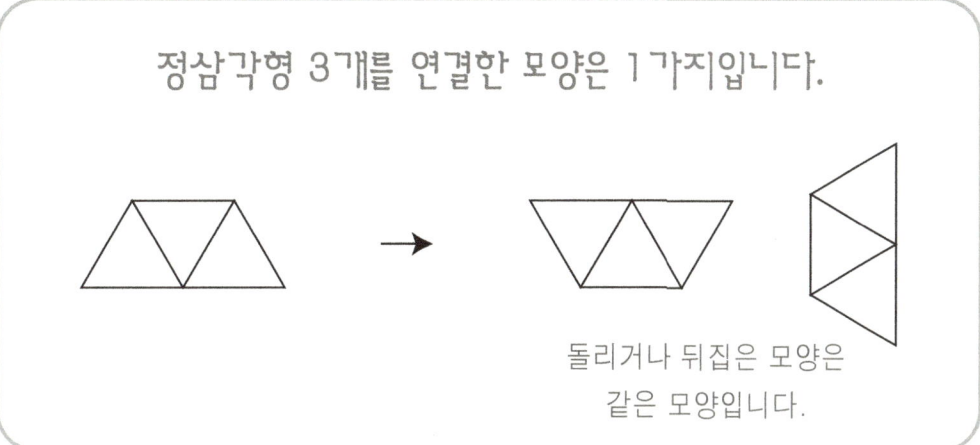

문제 23(풀이)

아래 점선을 이용하여 정삼각형 4개를 연결한 서로 다른 모양 3개를 그리시오.

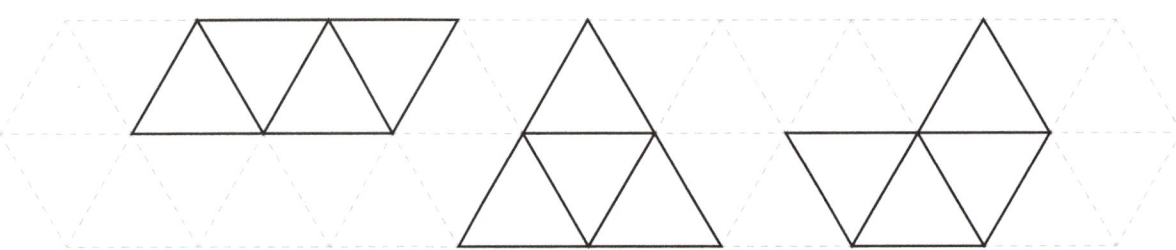

정삼각형 4개를 연결한 모양은 모두 3가지 입니다.

문제 24 · 정삼각형 5개 연결하기

아래 점선을 이용하여 정삼각형 5개를 연결한 서로 다른 모양 4개를 그리시오.

문제 24(풀이)

아래 점선을 이용하여 정삼각형 5개를 연결한 서로 다른 모양 4개를 그리시오.

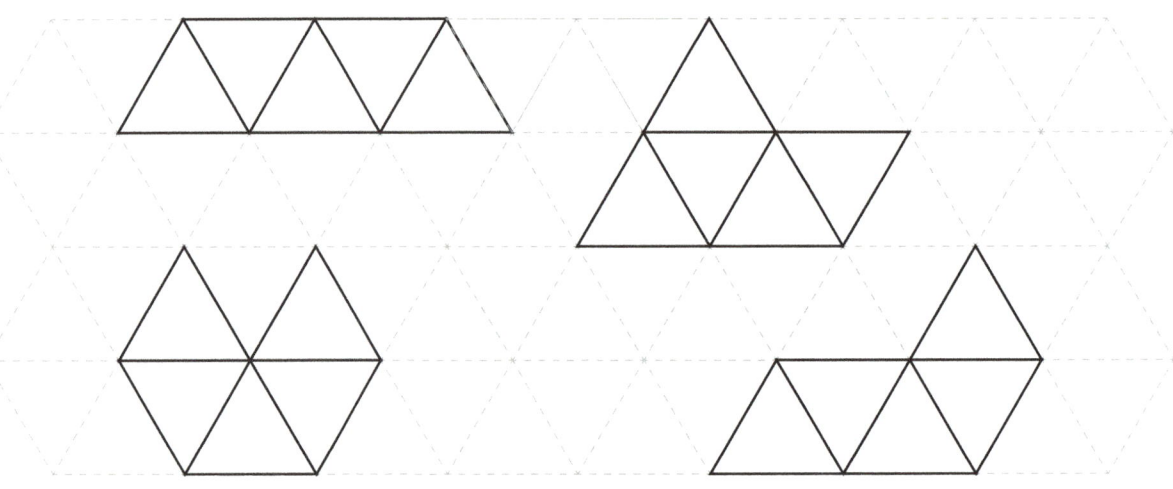

정삼각형 5개를 연결한 모양은 모두 4가지 입니다.

문제 25 · 정육각형 3개 연결하기

아래 점선을 이용하여 정육각형 3개를 연결한 서로 다른 모양 3개를 그리시오.

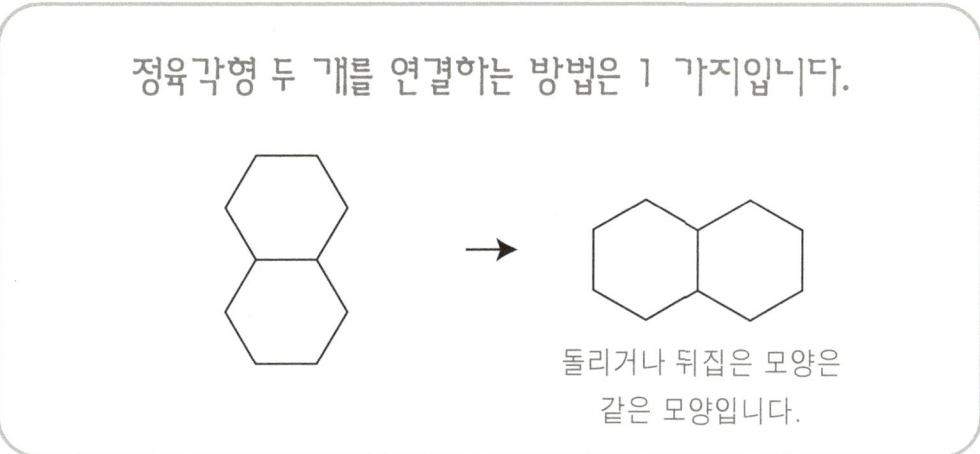

문제 25(풀이)

아래 점선을 이용하여 정육각형 3개를 연결한 서로 다른 모양 3개를 그리시오.

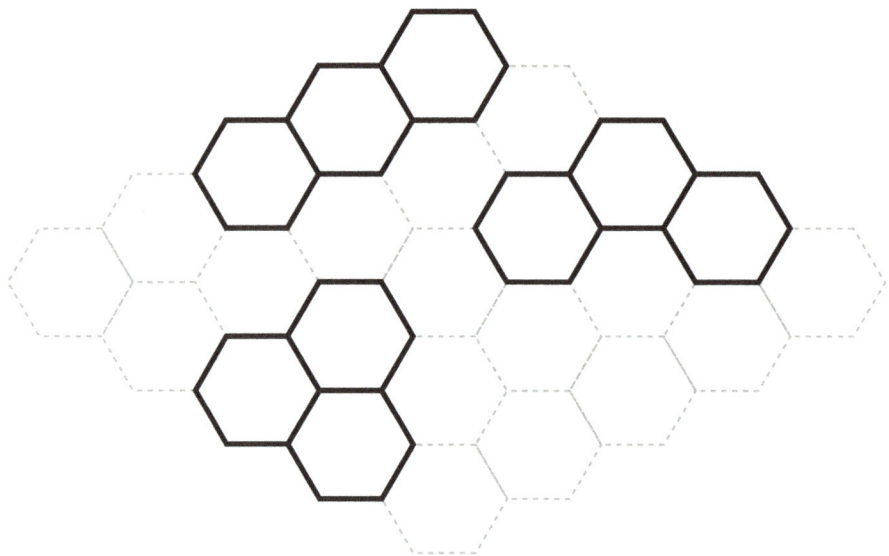

문제 26 · 정사각형 만들기

점 9개로 크고 작은 6개의 정사각형을 만들 수 있습니다.
모두 그려 보시오.

예

점 6개로 정사각형을 2개 만들 수 있습니다.

문제 26(풀이)

점 9개로 크고 작은 6개의 정사각형을 만들 수 있습니다.
모두 그려 보시오.

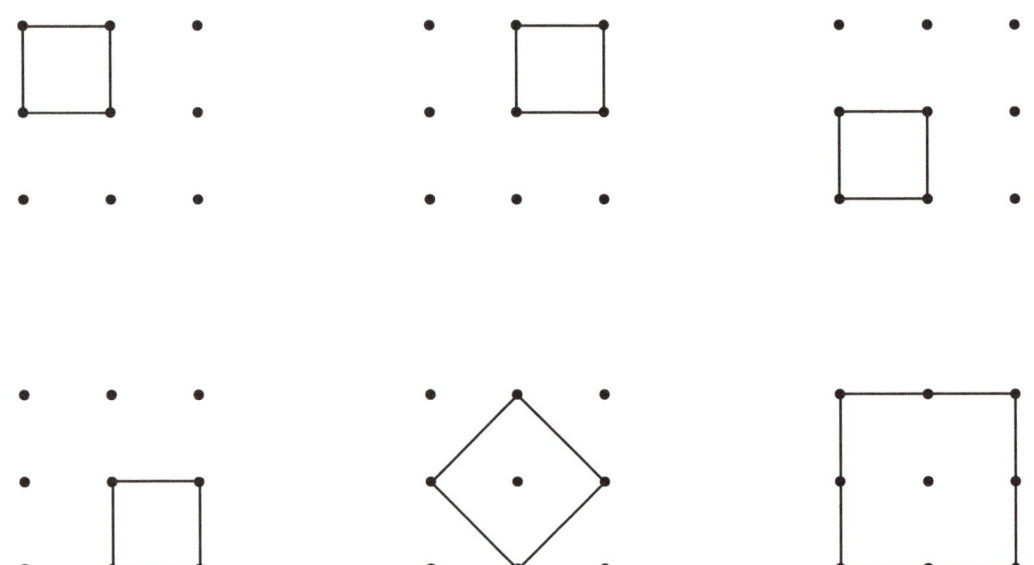

문제27 · 정삼각형 만들기

(보기)의 점을 연결하면 15개의 정삼각형이 나옵니다.
빈 곳에 나머지 2개를 그리시오.

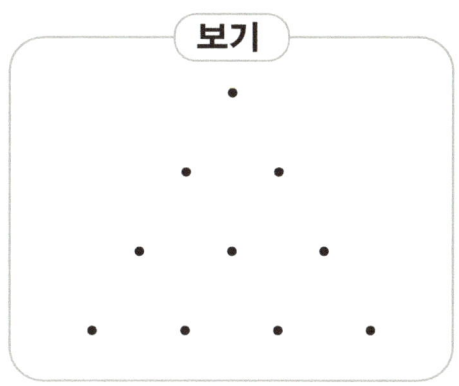

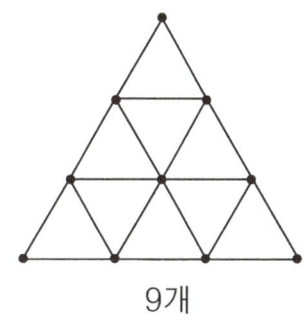
9개

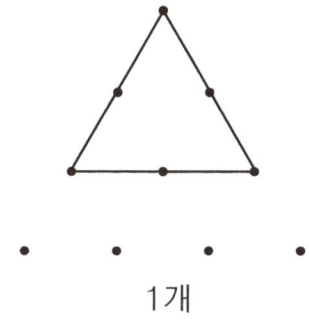
1개

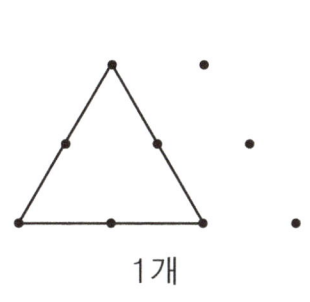
1개

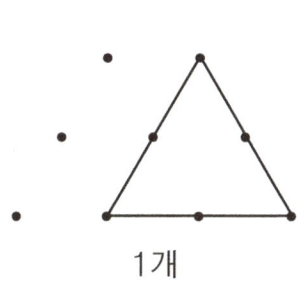
1개

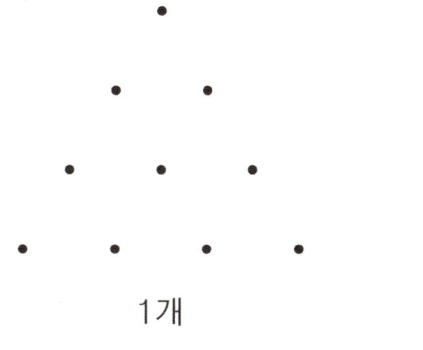
1개

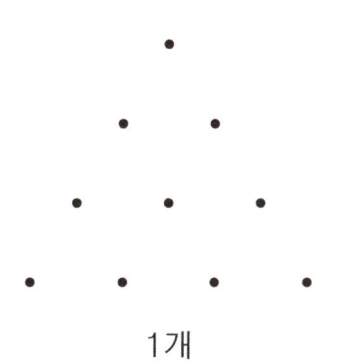
1개

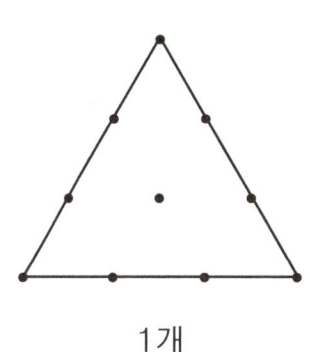
1개

문제 27(풀이)

〈보기〉의 점을 연결하면 15개의 정삼각형이 나옵니다.
빈 곳에 나머지 2개를 그리시오.

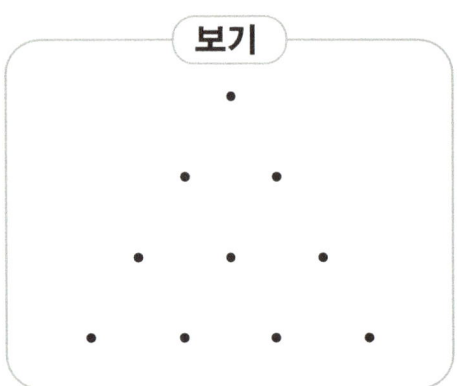

보기

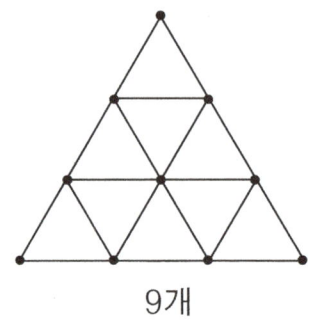

9개

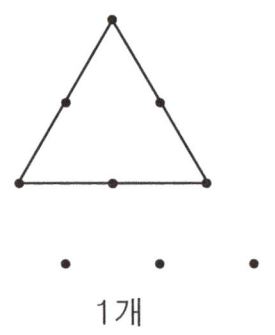

1개

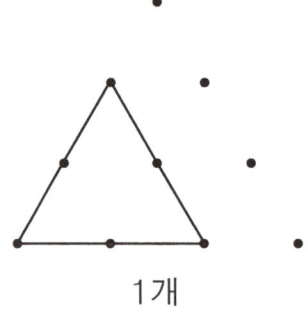

1개

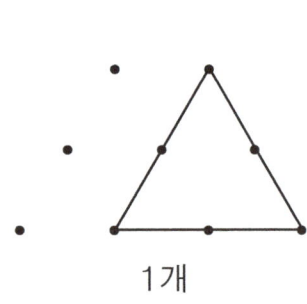

1개

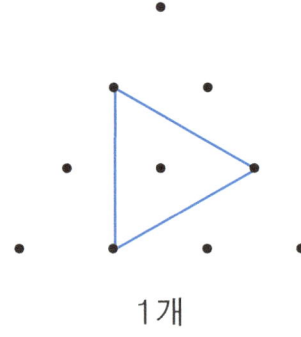

1개

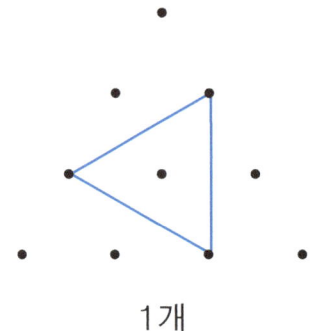

1개

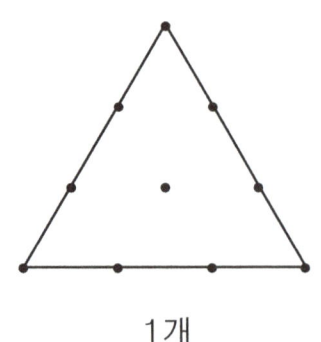

1개

문제 28 · 다른 크기 정사각형 만들기

아래의 점을 연결하면 서로 다른 크기의 정사각형 5 가지를 만들 수 있습니다. 모두 그려 보시오.

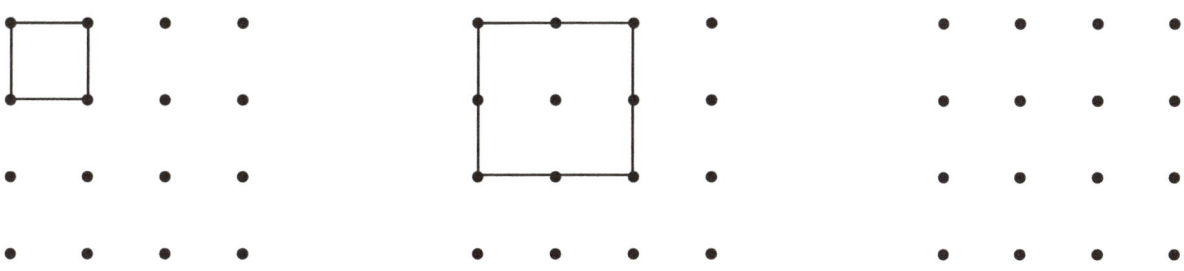

문제 28(풀이)

아래의 점을 연결하면 서로 다른 크기의 정사각형 5 가지를 만들 수 있습니다. 모두 그려 보시오.

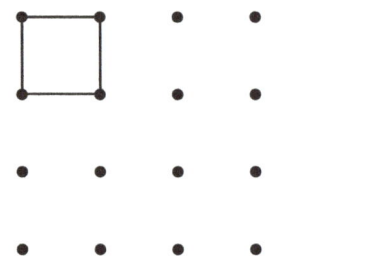 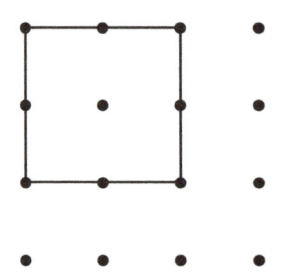 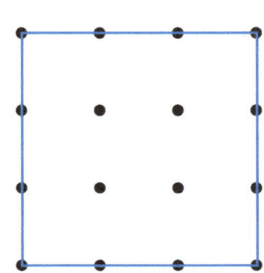

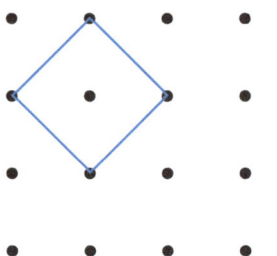 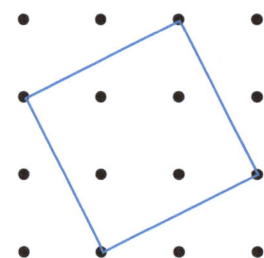

문제 29 · 쌓기나무 개수세기

아래 쌓기나무의 개수를 쓰시오.

( )개

문제 29(풀이)

아래 쌓기나무의 개수를 쓰시오.

(9)개

3+2+2+1+1=9

맨 위에 각 줄의 쌓기나무 개수를 쓰고 모두 더하면 전체 쌓기나무 개수가 됩니다.

문제 30 · 보이지않는 쌓기나무 개수세기

쌓기나무를 아래와 같이 쌓았습니다.
보이지 않는 쌓기나무의 개수를 쓰시오.

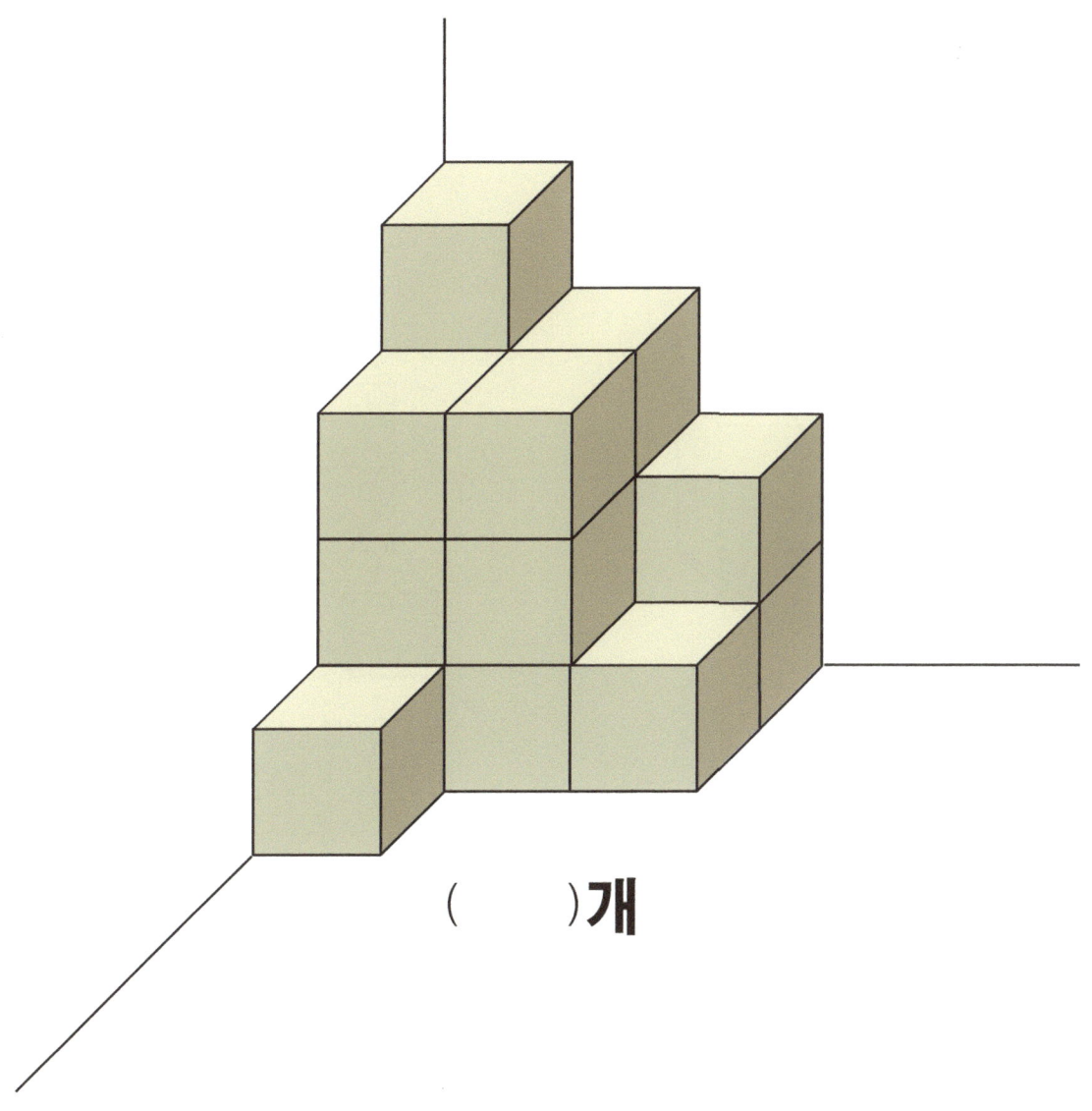

( )개

문제 30(풀이)

쌓기나무를 아래와 같이 쌓았습니다.
보이지 않는 쌓기나무의 개수를 쓰시오.

(**6**)개

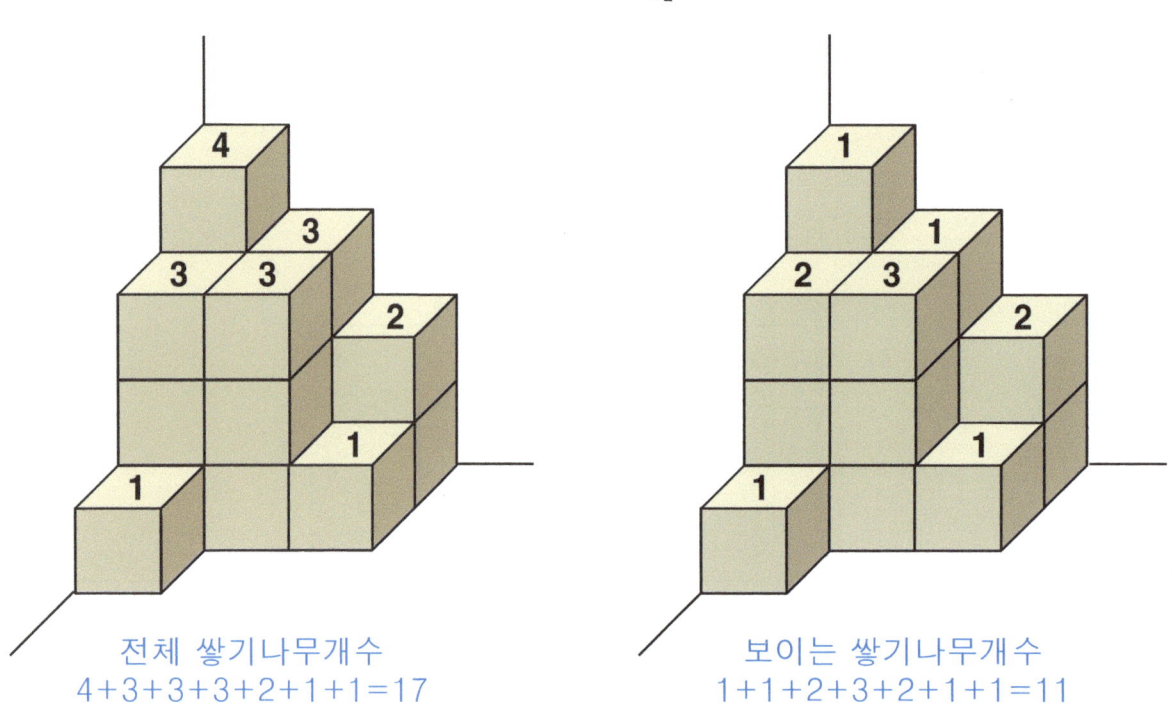

전체 쌓기나무개수
4+3+3+3+2+1+1=17

보이는 쌓기나무개수
1+1+2+3+2+1+1=11

보이지 않는 쌓기나무 개수는?
전체 쌓기나무 개수 − 보이는 쌓기나무 개수

17−11=6

문제 31 · 쌓기나무 보이는 면 세기

쌓기나무 3개를 쌓았을 때 보이는 면에 붙은 스티커 개수를 구하시오.

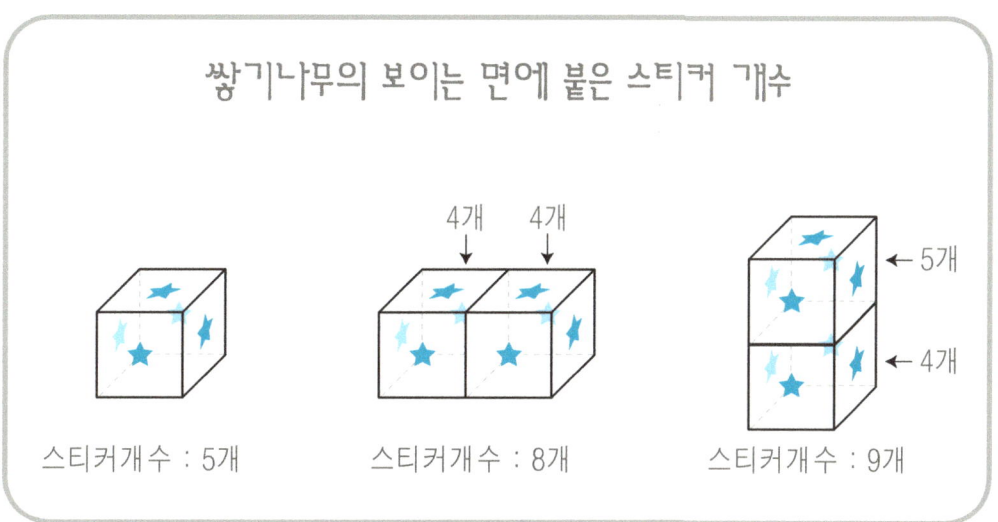

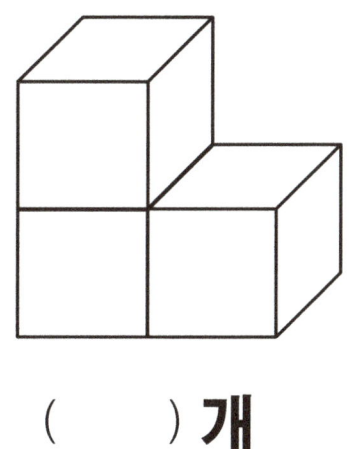

( ) 개

문제 31(풀이)

쌓기나무 3개를 쌓았을 때 보이는 면에 붙은 스티커 개수를 구하시오.

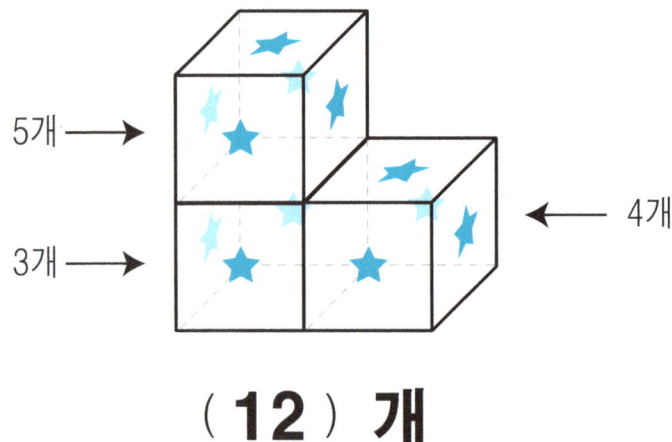

5개 →
3개 →
← 4개

(**12**) 개

문제 32 · 쌓기나무 면의 개수세기

아래와 같이 쌓았을 때 두 면만 보이는 쌓기나무는 모두 몇 개인가요?

( )개

문제 32(풀이)

아래와 같이 쌓았을 때 두 면만 보이는 쌓기나무는 모두 몇 개인가요?

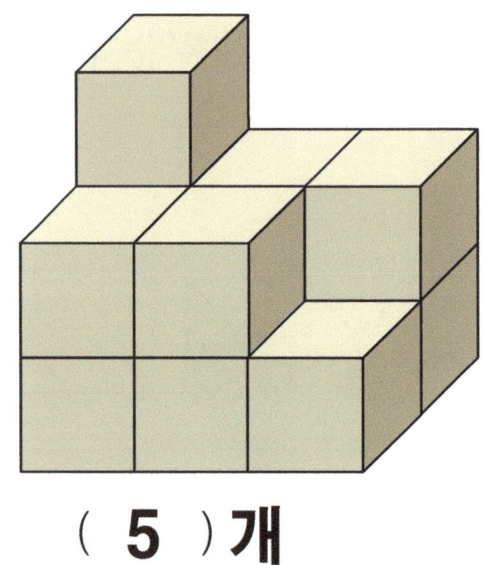

(5)개

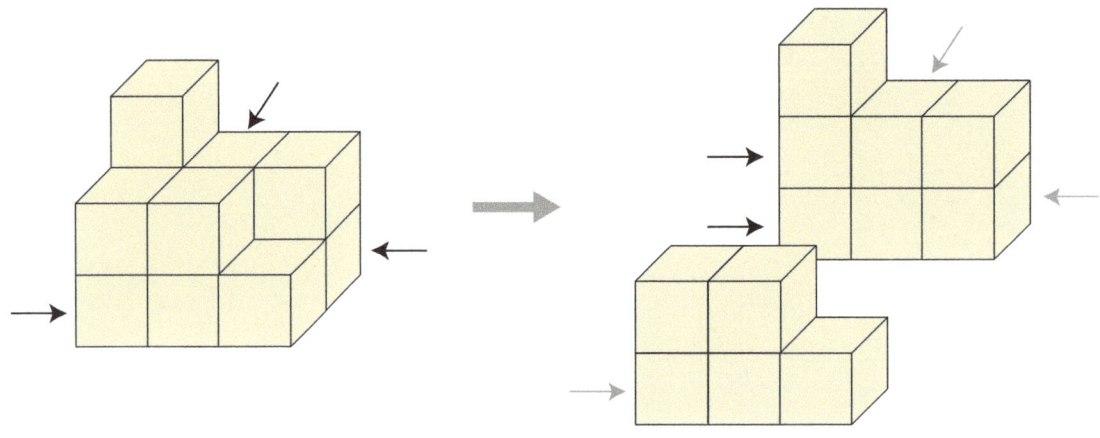

보이는 쌓기나무에서 3개, 가려진 쌓기나무에서 2개가
두 면이 보이는 쌓기나무 입니다.

문제 33 · 쌓기나무 면의 개수세기

아래와 같이 쌓았을 때 4 면만 보이는 쌓기나무는 모두 몇 개인가요?

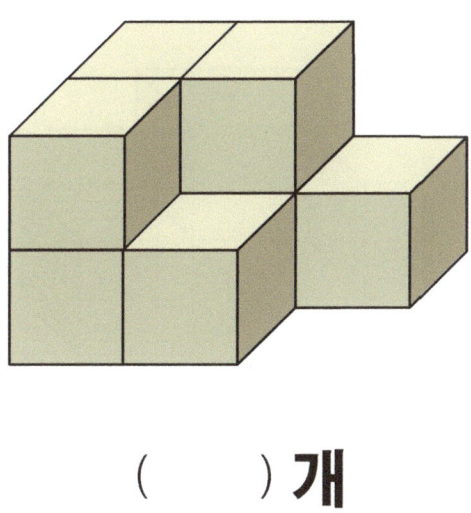

( ) 개

문제 33(풀이)

아래와 같이 쌓았을 때 4면만 보이는 쌓기나무는 모두 몇 개인가요?

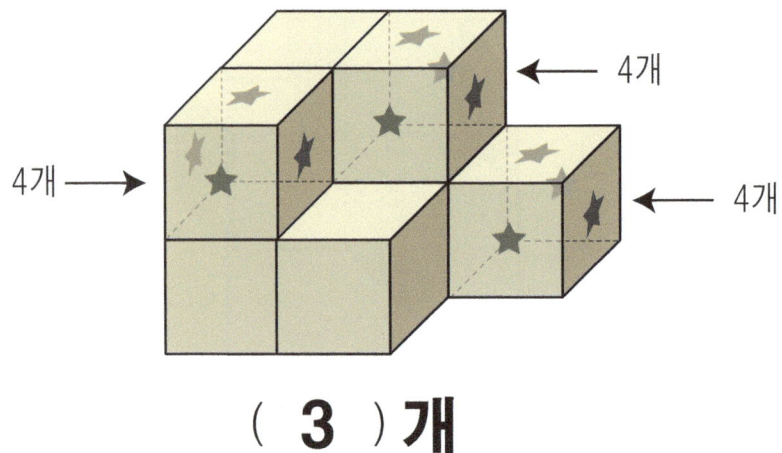

(**3**)개

문제 34 · 위앞옆에서 본 모양 알기

다음 중 위, 앞, 옆에서 본 모양이 (보기)와 다른 것에 ○표 하시오.

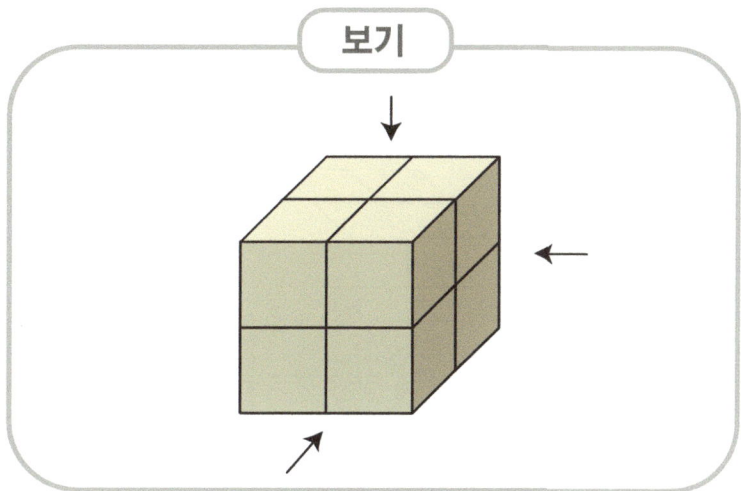

( )

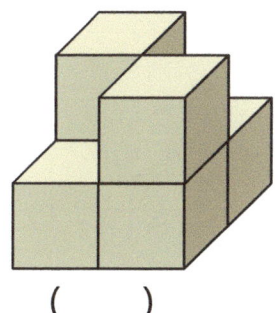
( )

( )

문제 34(풀이)

다음 중 위, 앞, 옆에서 본 모양이 (보기)와 다른 것에 ○표 하시오.

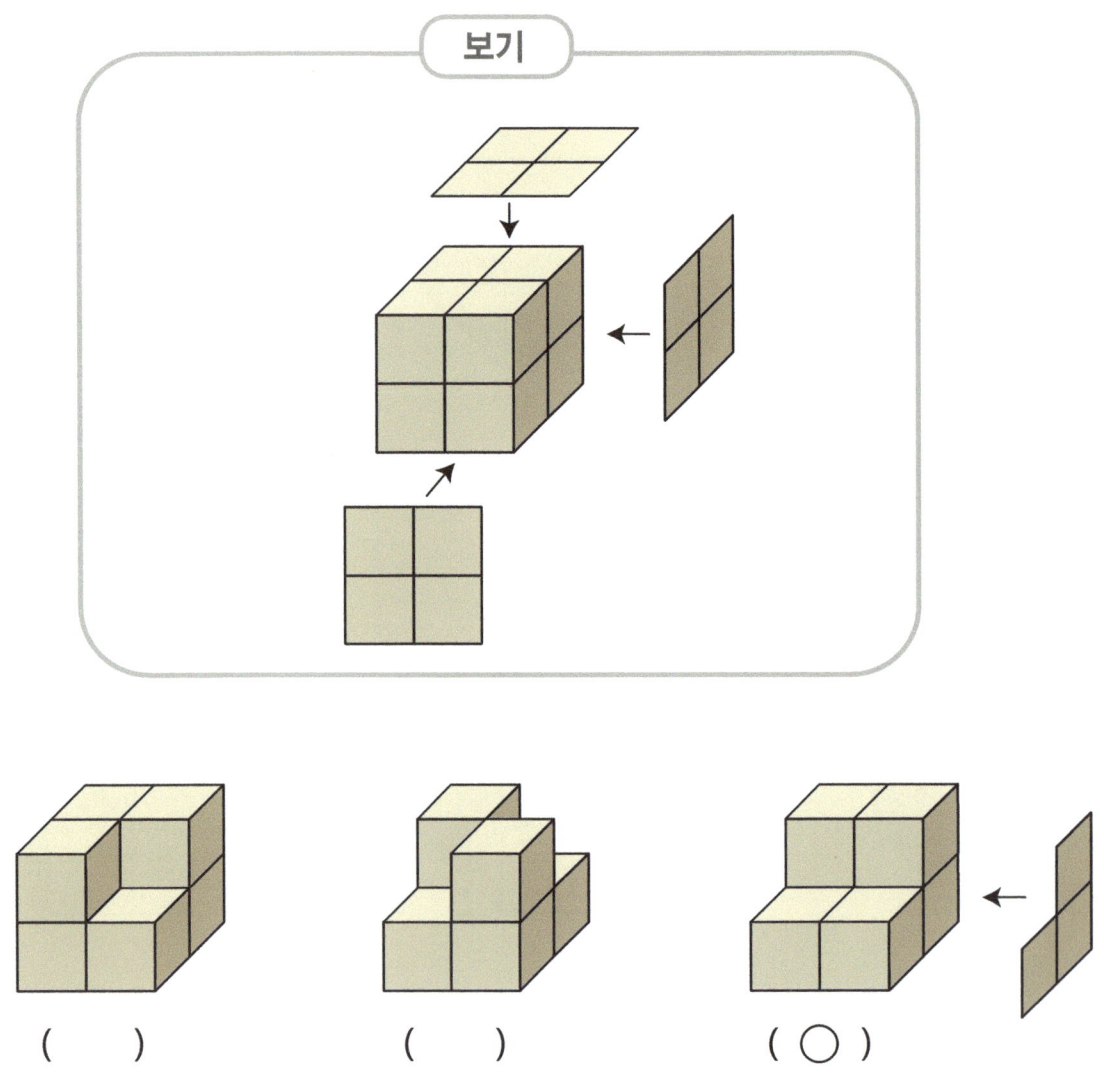

( )   ( )   (○)

문제 35 · 위앞옆에서 본 모양 알기

다음은 쌓기나무를 위, 앞, 옆에서 본 모양입니다.
쌓기나무를 가장 많게 사용한 개수와 가장 적게 사용하여 만든 개수를 쓰시오.

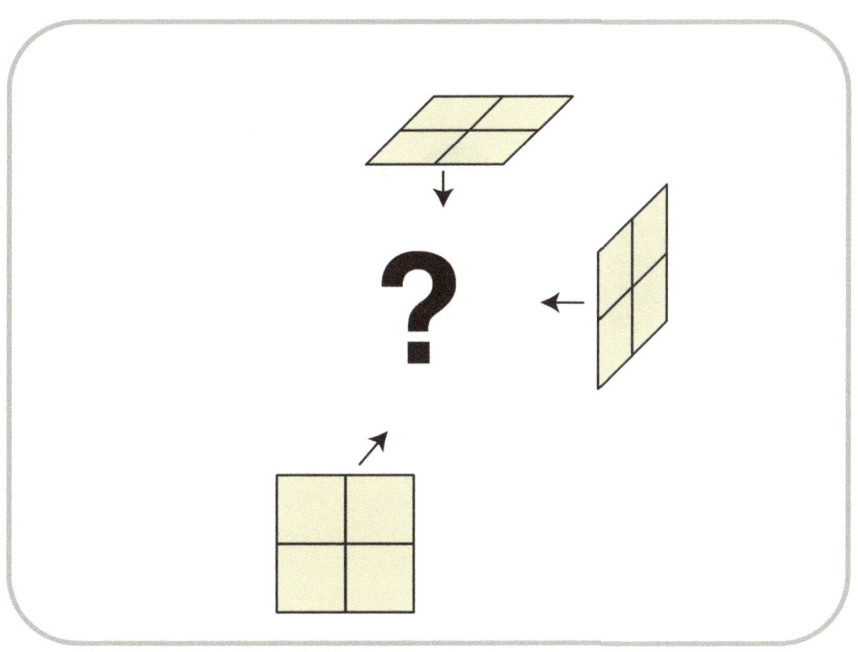

가장 많이 사용한 모양 (　　) **개**

가장 적게 사용한 모양 (　　) **개**

문제 35(풀이)

다음은 쌓기나무를 위, 앞, 옆에서 본 모양입니다.
쌓기나무를 가장 많게 사용한 개수와 가장 적게 사용하여 만든 개수를 쓰시오.

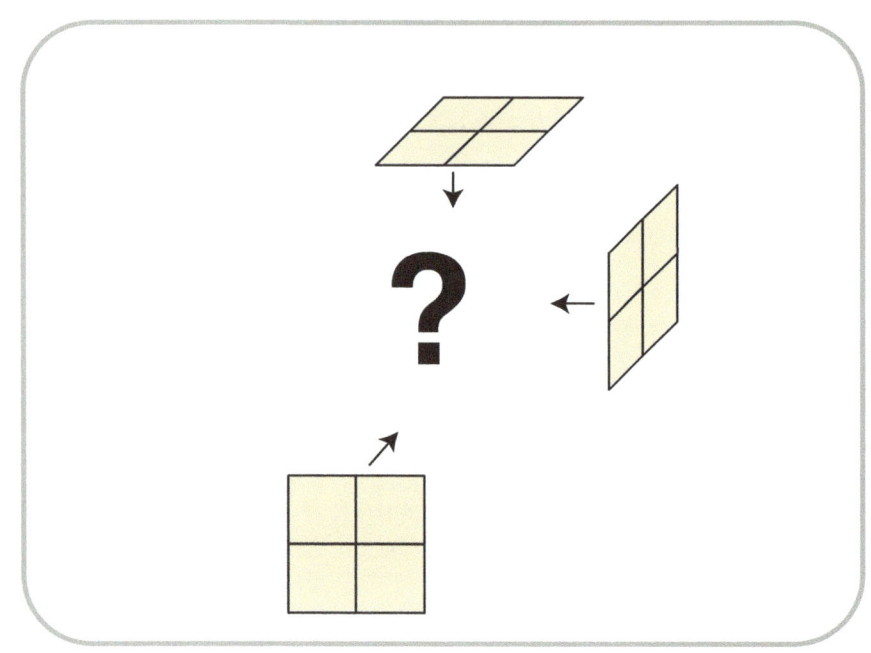

가장 많이 사용한 모양 (**8**)**개**

가장 적게 사용한 모양 (**6**)**개**

문제 36 · 삼각형 개수 세기

아래 도형에는 몇 개의 삼각형이 있나요?

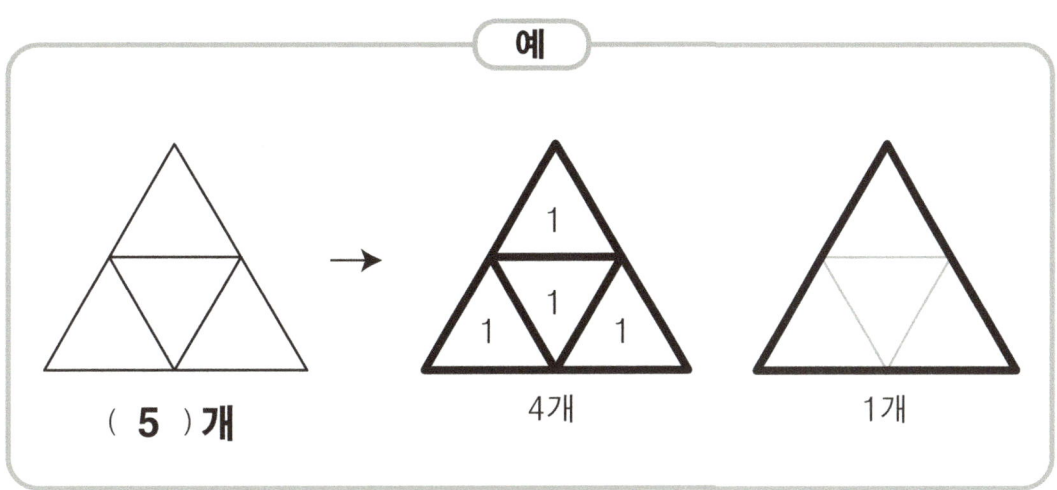

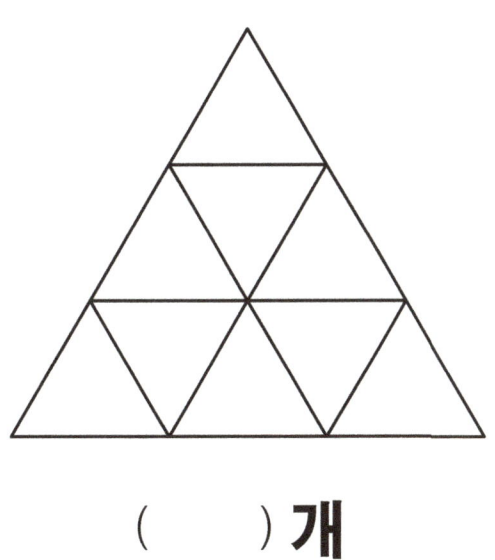

(   )개

문제 36(풀이)

아래 도형에는 몇 개의 삼각형이 있나요?

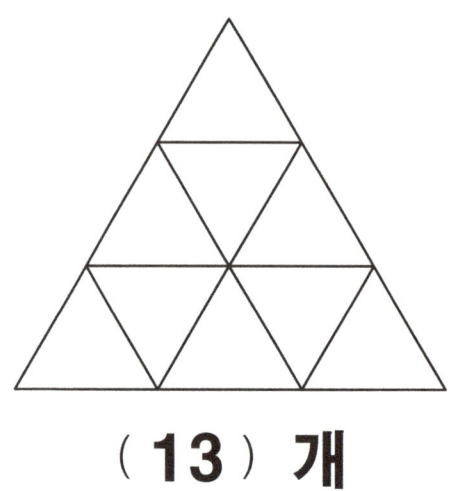

(**13**) 개

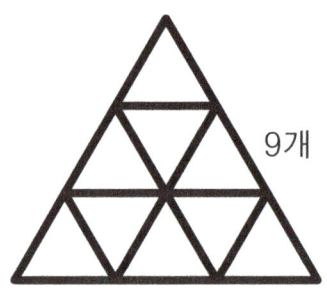

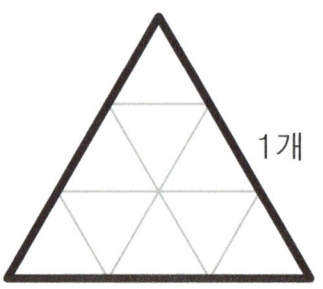

크기순으로 생각하면 쉽게 찾을 수 있습니다.

문제 37 · 마름모 개수 세기

아래 도형에는 몇 개의 마름모가 있나요?

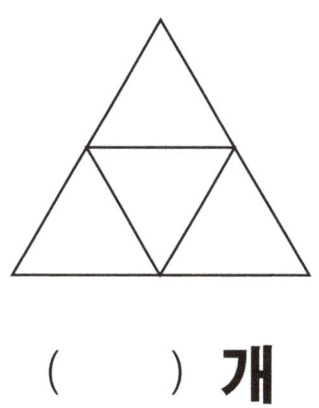

( ) 개

문제 37(풀이)

아래 도형에는 몇 개의 마름모가 있나요?

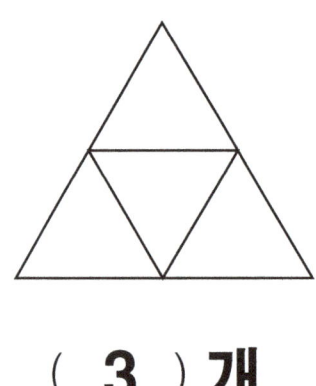

(**3**)개

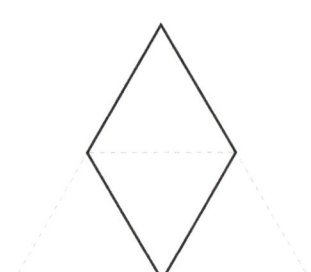 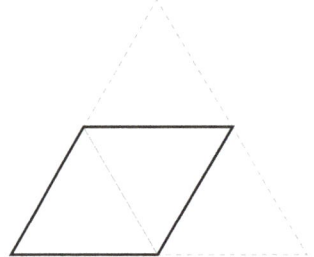 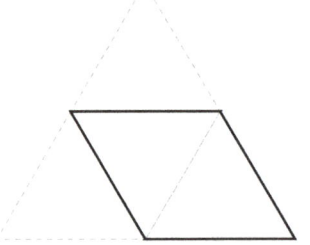

문제 38 · 마름모 그리기

아래 도형에는 몇 개의 마름모가 있나요? 개수를 쓰고 나머지를 모두 그리시오.

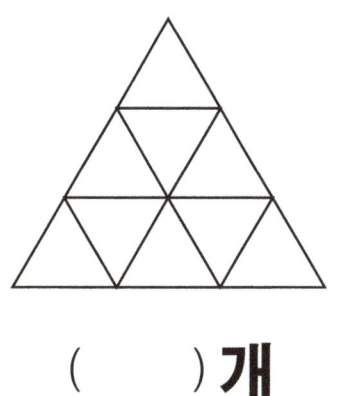

( )개

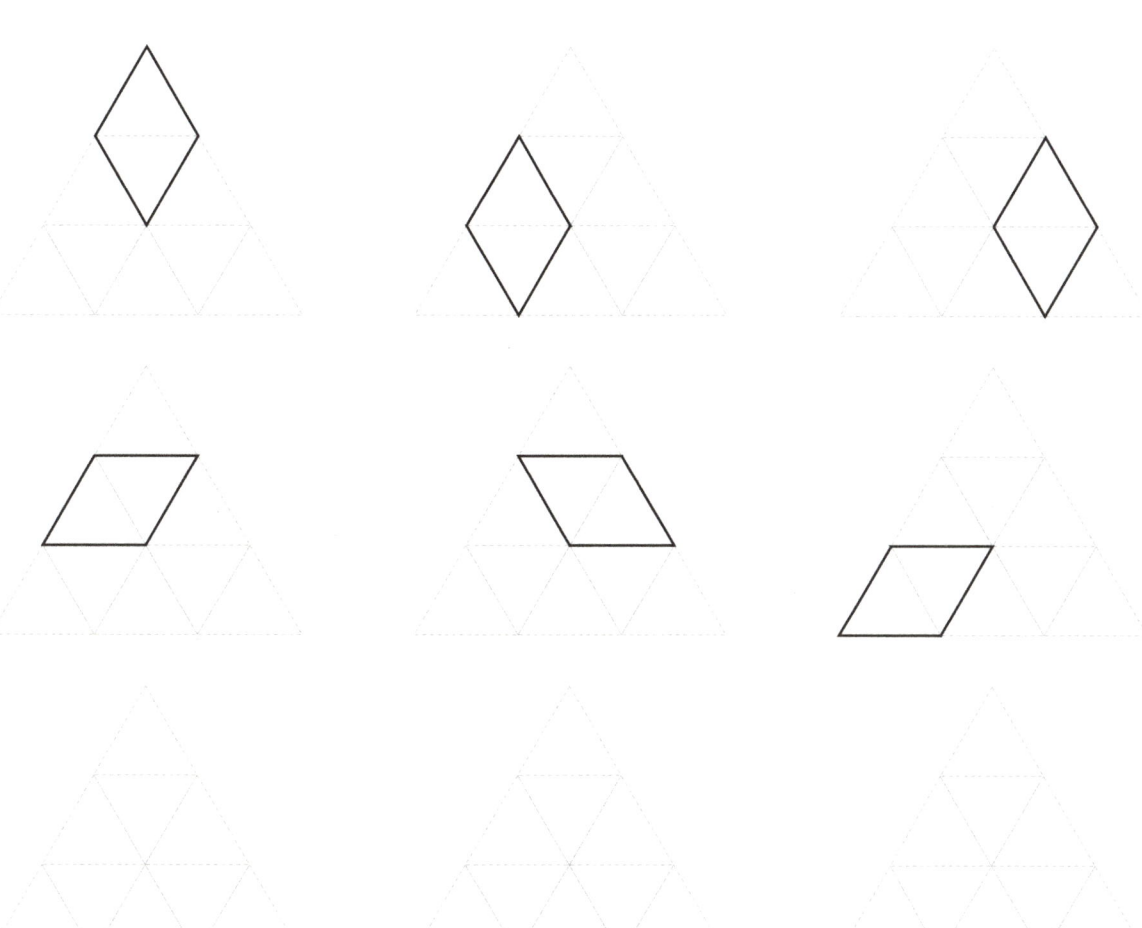

문제 38(풀이)

아래 도형에는 몇 개의 마름모가 있나요? 개수를 쓰고 나머지를 모두 그리시오.

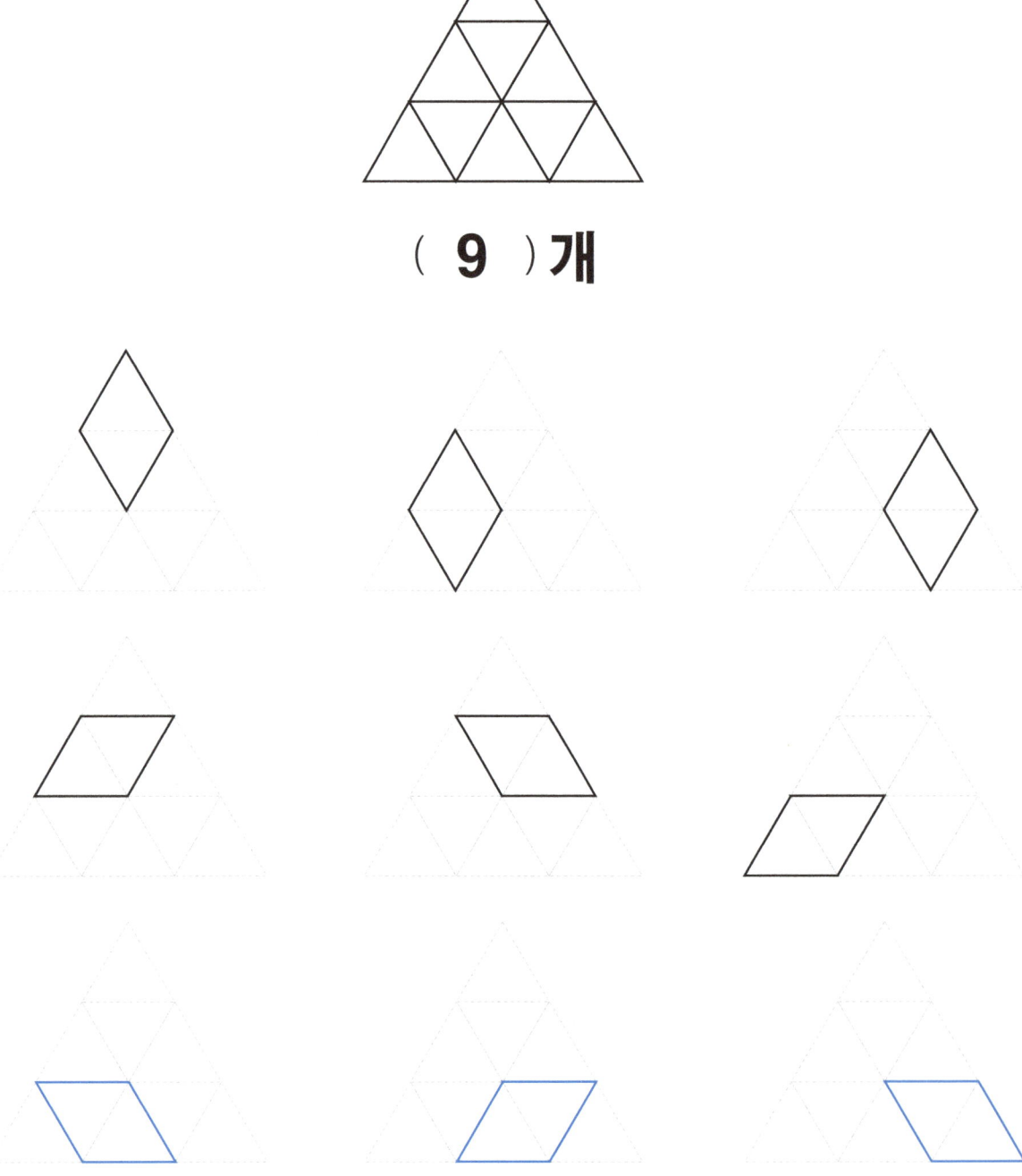

(**9**)개

문제 39 · 도형 연결하기

정사각형 2개와 정삼각형 1개를 길이가 같은 변끼리 연결할 때 만들어지는 도형의 종류는 3 가지입니다. 아래 삼각형에 연결하여 모두 그려 보시오.
단, 돌리거나 뒤집어서 나온 모양은 서로 같은 도형으로 봅니다.

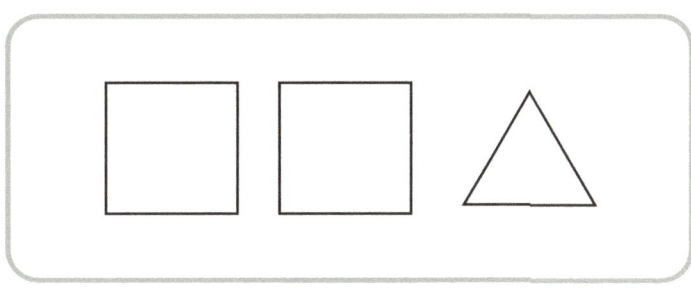

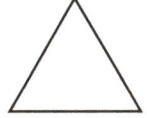

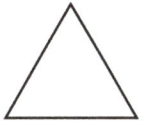

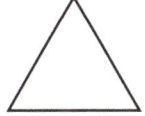

문제 39(풀이)

정사각형 2개와 정삼각형 1개를 길이가 같은 변끼리 연결할 때 만들어지는 도형의 종류는 3 가지입니다. 아래 삼각형에 연결하여 모두 그려 보시오.
단, 돌리거나 뒤집어서 나온 모양은 서로 같은 도형으로 봅니다.

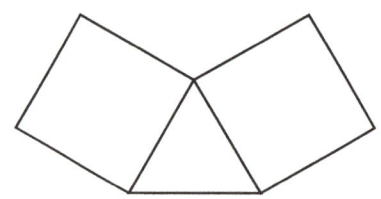

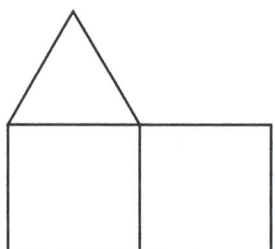

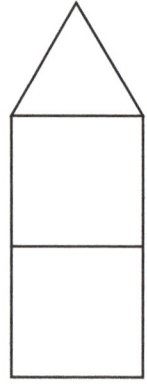

문제 40 · 직각삼각형 연결하기

크기가 같은 직각삼각형 2개를 같은 길이의 변끼리 연결하면 서로 다른 모양 3가지가 나옵니다. 모두 그려 보시오.

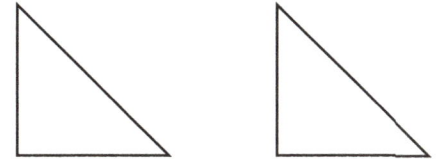

문제 40(풀이)

크기가 같은 직각삼각형 2개를 같은 길이의 변끼리 연결하면 서로 다른 모양 3가지가 나옵니다. 모두 그려 보시오.

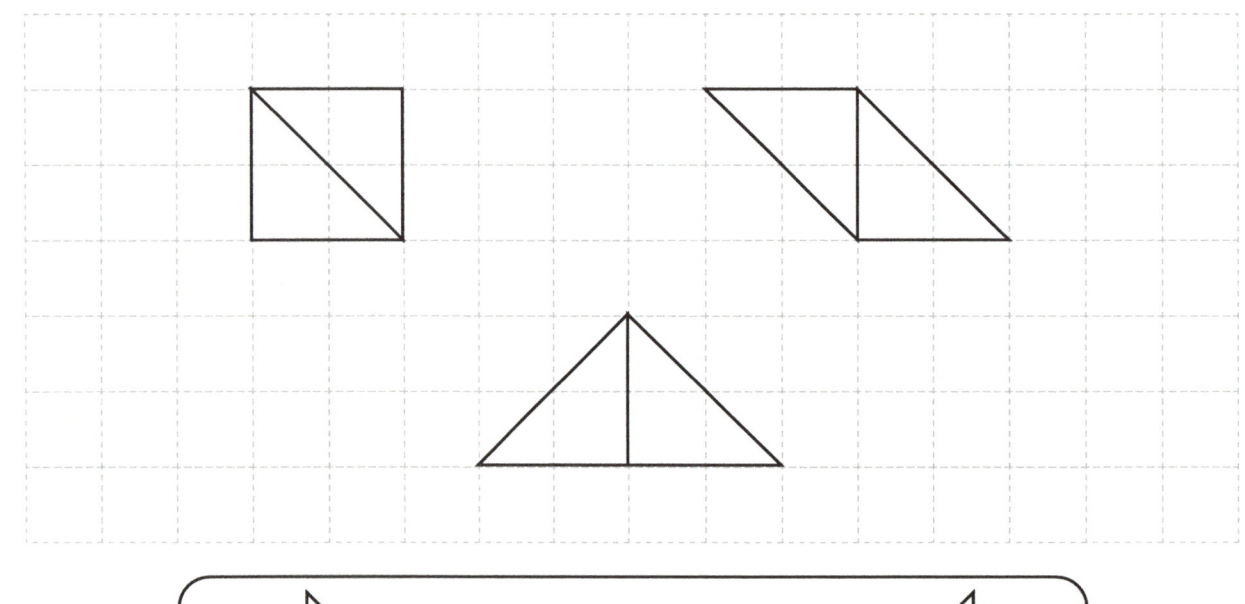

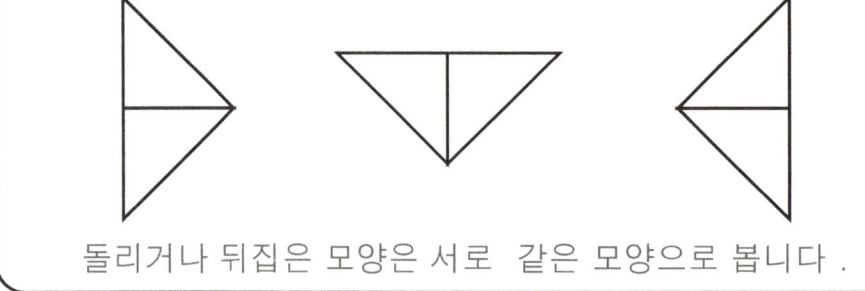

돌리거나 뒤집은 모양은 서로 같은 모양으로 봅니다.

상위 10% 영재아를 위한

한버공 영재 수학퀴즈

2. 3. 4권 차례

차례

문제 1 · 사각형 나누기 …… 5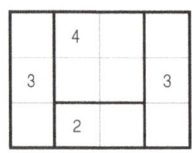

문제 2 · 숫자 채우기 ……… 7

문제 3 · 숫자 채우기 ……… 9

문제 4 · 숫자퍼즐 맞추기 …11

문제 5 · 주사위 눈의 수 쓰기 …13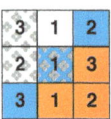

문제 6 · 별무늬 퍼즐 오리기 …15

문제 7 · 별무늬 퍼즐 오리기 …17

문제 8 · 퍼즐 조각 오리기 …19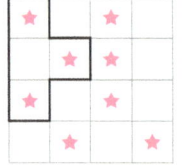

문제 9 · 직사각형 만들기 … 21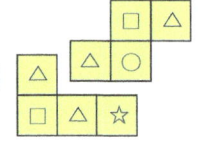

문제 10 · 아래 카드 찾기 …… 23

문제 11 · 아래 막대 찾기 …… 25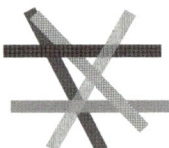

문제 12 · 고리 연결하기 …… 27

문제 13 · 원판 쌓기 ………… 29

문제 14 · 점대칭 그리기 …… 31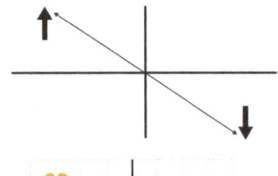

문제 15 · 점대칭 찾기 ……… 33

문제 16 · 직선 2개로 점 연결하기 · 35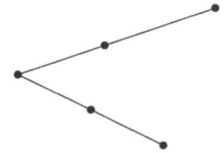

문제 17 · 직선 3개로 점 연결하기 · 37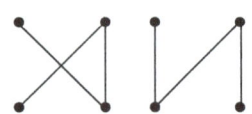

문제 18 · 동그라미 3조각 나누기 · 39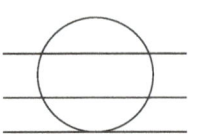

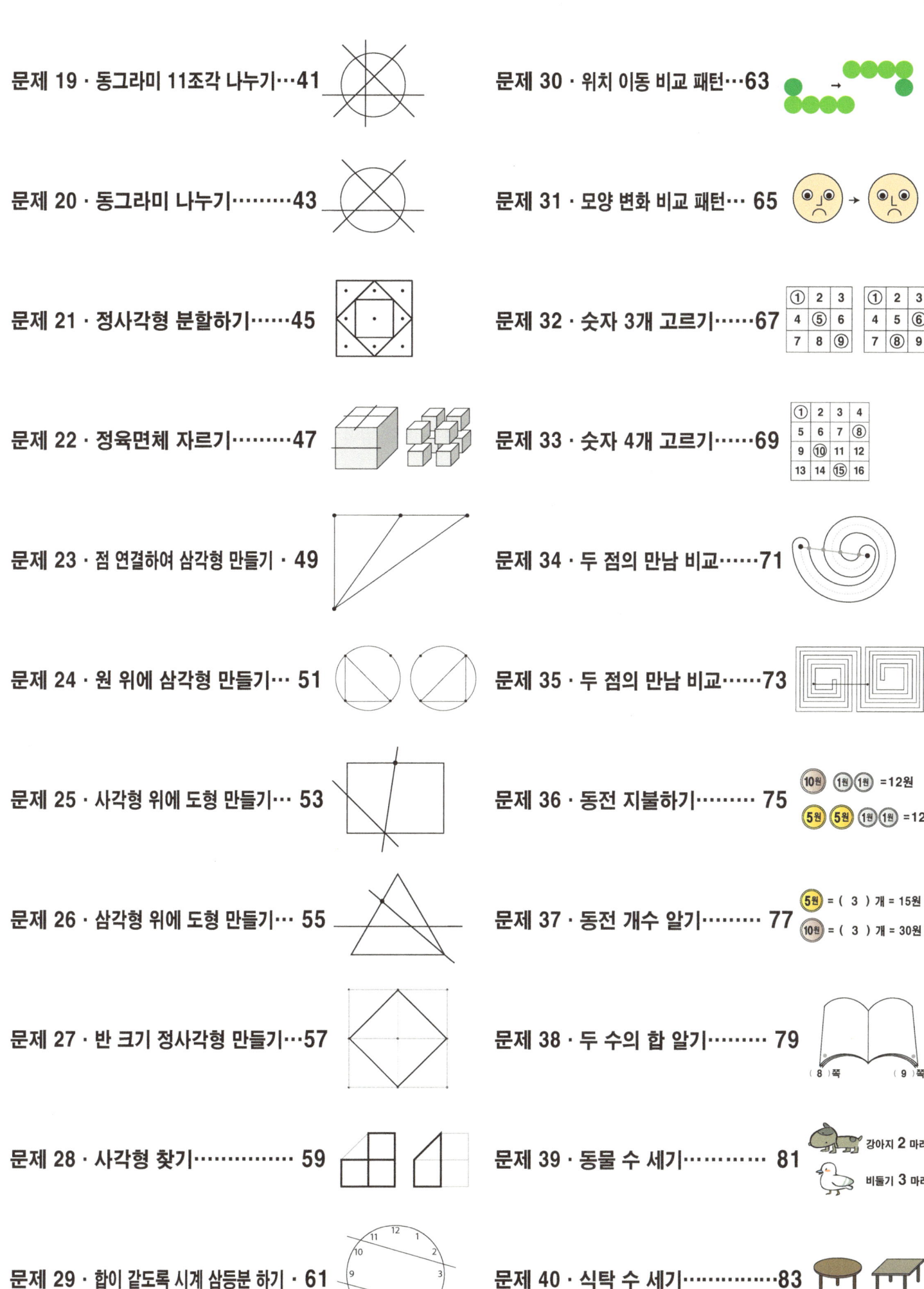

문제 19 · 동그라미 11조각 나누기…41

문제 20 · 동그라미 나누기………43

문제 21 · 정사각형 분할하기……45

문제 22 · 정육면체 자르기………47

문제 23 · 점 연결하여 삼각형 만들기 · 49

문제 24 · 원 위에 삼각형 만들기… 51

문제 25 · 사각형 위에 도형 만들기… 53

문제 26 · 삼각형 위에 도형 만들기… 55

문제 27 · 반 크기 정사각형 만들기…57

문제 28 · 사각형 찾기…………59

문제 29 · 합이 같도록 시계 삼등분 하기 · 61

문제 30 · 위치 이동 비교 패턴…63

문제 31 · 모양 변화 비교 패턴… 65

문제 32 · 숫자 3개 고르기……67

문제 33 · 숫자 4개 고르기……69

문제 34 · 두 점의 만남 비교……71

문제 35 · 두 점의 만남 비교……73

문제 36 · 동전 지불하기……… 75

문제 37 · 동전 개수 알기……… 77

문제 38 · 두 수의 합 알기……… 79

문제 39 · 동물 수 세기………… 81

문제 40 · 식탁 수 세기……………83

3 차례

문제 1 · 정사각형 넓이 구하기… 5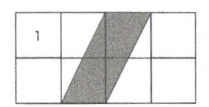

문제 2 · 도형의 둘레 구하기…… 7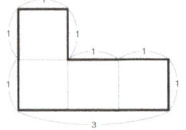

문제 3 · 도형의 둘레 구하기…… 9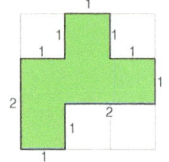

문제 4 · 도형의 둘레 비교………11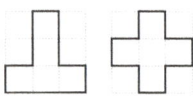

문제 5 · 도형의 둘레 비교………13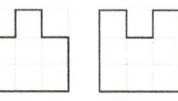

문제 6 · 자른 도형 둘레 비교……15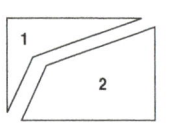

문제 7 · 도형의 넓이 비교………17

문제 8 · 정사각형 넓이 구하기…19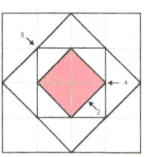

문제 9 · 삼각형 넓이 비교………21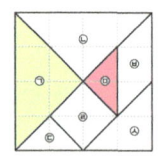

문제 10 · 숫자 찾기………… 23 1, 2, 3, 4, 5, 6, 7, 8, 9, 10, 11, ⑫, 13, 14, 15, 16, 17, 18, 19, ⑳, ㉑, ㉒, ㉓, ㉔, ㉕, ㉖, ㉗, ㉘, ㉙

문제 11 · 부호 넣어 식 완성하기 … 25 7 (+) 7 (−) 7 = 7

문제 12 · 부호 넣어 식 완성하기 … 27 4(+)5(+)8(−)8 = 9

문제 13 · 부호 넣어 식 완성하기 … 29 1(+)2(+)3(−)4(+)5(−)6=

문제 14 · 덧뺄셈하여 숫자 만들기… 31 10 = 9+1 11 = 9+3−1
12 = 9+3 13 = 9+3+1

문제 15 · 큰 수 작은 수 만들기…… 33 (1 3 9) (9 3 1)

문제 16 · 세번째 큰 수 만들기 …… 35 120 0, 1, 2

문제 17 · 두 수의 합 구하기 ……… 37 (41)+(32)=(73)

문제 18 · 연속수 구하기…………39 4 + 5 + 6 = 15

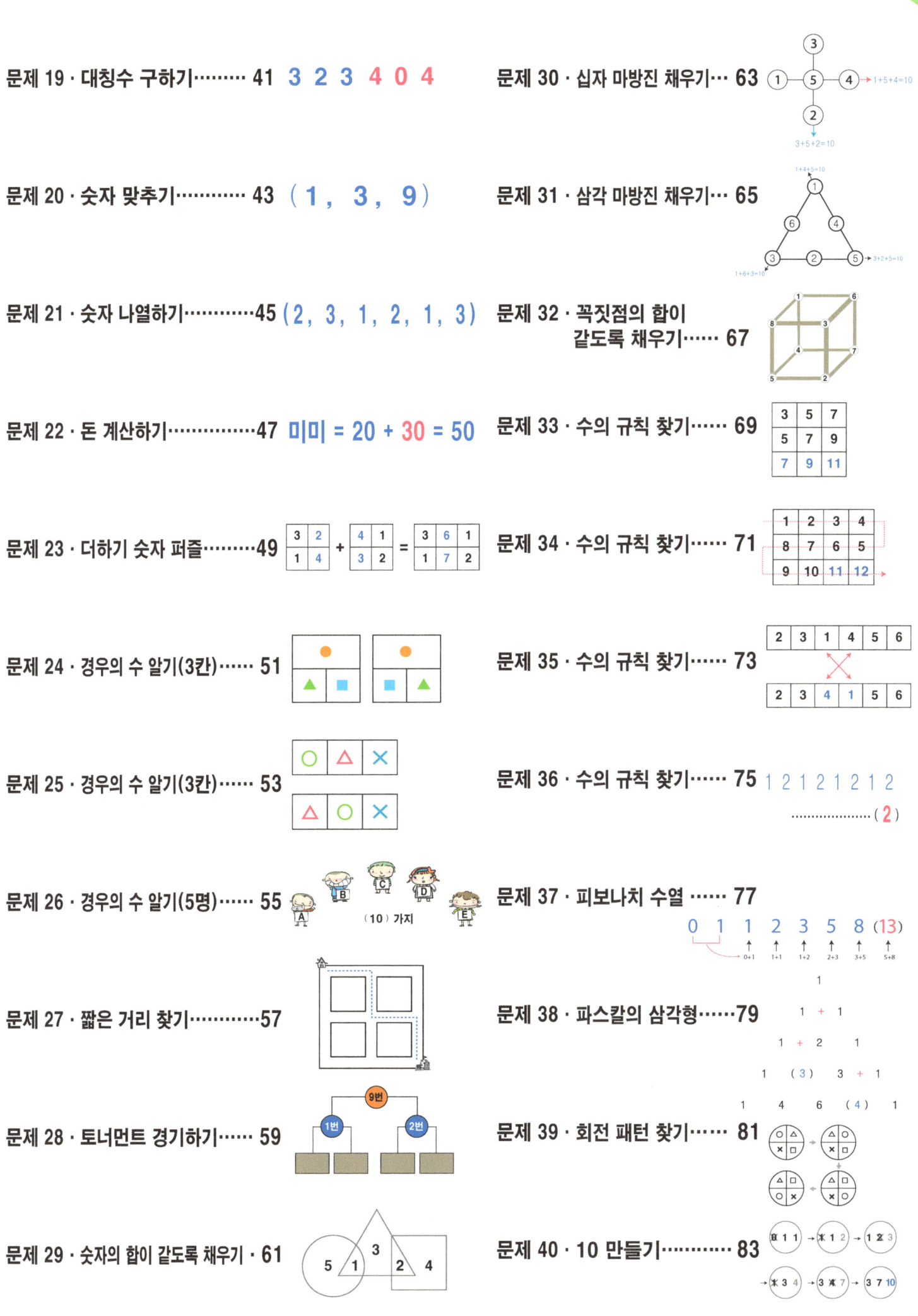

차 례 ④

문제 1 · 같은 그림 연결하기 ·5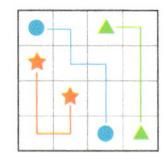

문제 2 · 같은 그림 연결하기 ·7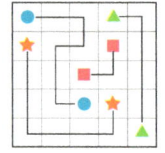

문제 3 · 길 연결하기 ········9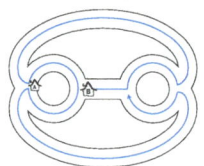

문제 4 · 한 붓 그리기 찾기 ···11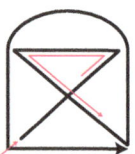

문제 5 · 한 붓 그리기 ······ 13

문제 6 · 한 붓 그리기 ······ 15

문제 7 · 길 만들기 ········ 17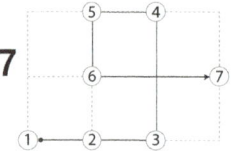

문제 8 · 바둑돌 줍기 ······ 19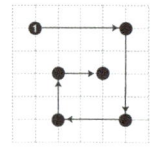

문제 9 · 바둑돌 줍기 ······ 21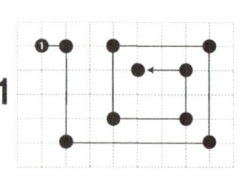

문제 10 · 바둑돌 줍기············ 23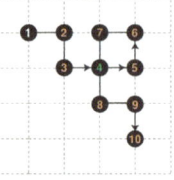

문제 11 · 사다리 지우기 ············ 25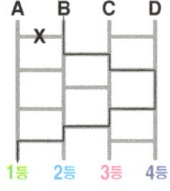

문제 12 · 짧은 거리 찾기 ············ 27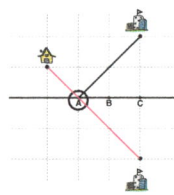

문제 13 · 코딩 명령어 놀이 ········· 29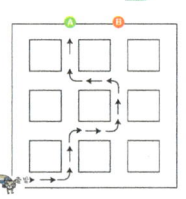

문제 14 · 무거운 구슬 찾기 ········· 31

문제 15 · 무거운 구슬 찾기 ········· 33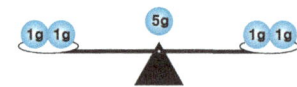

문제 16 · 투명 필름 겹치기 ········· 35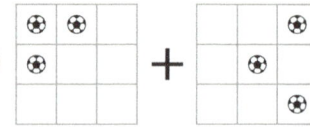

문제 17 · 투명 필름 겹치기 ········· 37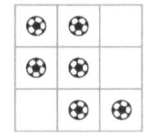

문제 18 · 숫자의 대칭··················39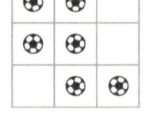

문제 19 · 숫자의 대칭 ………… 41
문제 20 · 색종이 한번 접어 오리기 ·43
문제 21 · 색종이 두번 접어 오리기…45
문제 22 · 색종이 구멍 찾기………47
문제 23 · 물의 양 반 만들기 …… 49
문제 24 · 무게 알기……………… 51
문제 25 · 요일 알기……………… 53
문제 26 · 요일 알기……………… 55
문제 27 · 막대 옮기기…………… 57
문제 28 · 정사각형 3개 만들기 … 59
문제 29 · 정사각형 없애기……… 61

문제 30 · 사각형 반으로 나누기 ·63
문제 31 · 동그라미 밖으로 옮기기 ·65
문제 32 · 동그라미 밖으로 옮기기 ·67
문제 33 · 계단 블록 찾기……… 69
문제 34 · 계단 블록 찾기……… 71
문제 35 · 도형 겹치기………… 73
문제 36 · 같은 열쇠 찾기……… 75
문제 37 · 다른 화살 찾기……… 77
문제 38 · 원통에 감기………… 79
문제 39 · 동전 돌리기………… 81
문제 40 · 하노이컵 옮기기 …… 83

한버공 영재 수학 퀴즈.1권

초판 발행일 : 2025년 3월 10일

지은이 : 한버공

펴낸 곳 : 청송문화사

　　　　　서울시 중구 수표로 2길 13

홈페이지 : www.kidzone.kr

전화 : 02-2279-5865

팩스 : 02-2279-5864

등록번호 : 2-2086 / 등록날짜 : 1995년 12월 14일

가격 : 14000원

잘못 인쇄된 책은 서점이나 본사에서 바꿔 드립니다.